SEME

I 7 Passi Fondamentali per avviare la propria attività

Wayne Fox

Copyright © 2014 di Wayne Fox. Tutti i diritti riservati. Nessuna parte di questo libro può essere riprodotta in qualsiasi forma senza il permesso scritto dell'autore. I revisori possono citare brevi passaggi nelle recensioni.

Dichiarazione di non responsabilità e dichiarazione di non responsabilità FTC
Nessuna parte di questa pubblicazione può essere riprodotta o trasmessa in qualsiasi forma o con qualsiasi mezzo, meccanico o elettronico, comprese fotocopie o registrazioni, o mediante qualsiasi sistema di archiviazione e recupero di informazioni, o trasmessa via e-mail senza il permesso scritto dell'editore.

Nonostante siano stati fatti tutti i tentativi per verificare le informazioni fornite in questa pubblicazione, l'autore non si assume alcuna responsabilità per errori, omissioni o interpretazioni contrarie dell'argomento in essa contenuto.

Questo libro è solo a scopo di intrattenimento. Le opinioni espresse appartengono esclusivamente all'autore e non devono essere considerate come istruzioni o comandi di esperti. Il lettore è responsabile delle proprie azioni.

Il rispetto di tutte le leggi e i regolamenti applicabili, comprese le licenze professionali federali, statali e locali internazionali, le pratiche commerciali, la pubblicità e tutti gli altri aspetti dell'attività commerciale negli Stati Uniti, in Canada, nel Regno Unito o in qualsiasi altra giurisdizione è di esclusiva responsabilità del acquirente o lettore.

L'autore non si assume alcuna responsabilità di sorta per conto dell'acquirente o del lettore di questo materiale.

Qualsiasi offesa percepita nei confronti di un individuo o di un'organizzazione è puramente involontaria. A volte utilizzo link di affiliazione con il contenuto del libro. Ciò significa che effettuando un acquisto otterrò una commissione sulle vendite. Questo, tuttavia, non significa che la mia opinione sia in vendita. Tutti i link di affiliazione elencati nel libro rappresentano i servizi e i prodotti per i quali ho utilizzato personalmente e che ho trovato utili. Il lettore o l'acquirente dovrebbe fare le proprie ricerche prima di effettuare un acquisto online.

Contenuti

1. introduzione
2. Vuoi davvero avviare un'impresa?
3. La realtà deprimente
4. Conosci la tua personalità e costruisci il tuo piano attorno ad essa
5. Cosa significa?
6. Che tipo di attività?
7. Capirti
8. Le opzioni per avviare un'impresa
9. Identifica i tuoi clienti target
10. Come raggiungerai il tuo obiettivo?
11. I finanziari
12. Scegli una struttura legale
13. Avviare l'impresa
14. L'erogazione dei servizi
15. Testare e perfezionare il modello
16. Metti in atto un piano.
17. Ostacoli
18. Conclusione
19. Circa l'autore

introduzione

Hai mai desiderato avviare un'impresa, ma non sapevi bene da dove iniziare? Forse ti mancavano alcuni pezzi nel tuo "puzzle aziendale"?

Ci sono molti libri là fuori che offrono consigli pratici su come avviare un'impresa, ma la maggior parte sono scritti da persone che non l'hanno mai fatta personalmente, o dai cosiddetti "professori di affari". Non ho nulla contro queste persone o il loro lavoro. Infatti ammiro la loro passione per quello che fanno, ma parlarne e farlo realmente sono due cose molto diverse.

Ho deciso di scrivere questo libro per due motivi. In primo luogo perché vedevo un bisogno nel mercato. Ci sono molte persone con idee imprenditoriali, ma prive di tutti i pezzi del puzzle, e quindi hanno difficoltà a far sì che le cose si muovano nella giusta direzione.

In secondo luogo, poiché sono stato immerso nel mondo degli affari per tutta la mia vita, ed è una mia forte passione nella quale ho la fortuna di aver avuto un certo successo, ho pensato che mi piacerebbe trasmettere la mia esperienza per aiutare altri per dare inizio ai loro sogni.

Oserei dire che potresti leggere altri libri di uomini d'affari esperti che ti dicono di fare le cose in un modo leggermente diverso da come farò io, e anche questo va bene. Non pretendo di essere un dio degli affari. Ti sto solo raccontando quello che ho imparato nella speranza che anche tu possa ottenere un po' di successo da questo. Siamo tutti in un viaggio di apprendimento e probabilmente modificherò ulteriormente il mio libro in seguito se imparerò un modo leggermente migliore di fare qualcosa. Con la tecnologia che si evolve più velocemente di quanto io possa allacciarmi le scarpe, questo è del tutto possibile.

Avviare la tua attività può essere un'esperienza straordinaria. Sei responsabile del tuo destino. È il tipo di esperienza per cui, una volta iniziata, non vorrai mai più essere uno schiavo salariale. Spero che questo libro ti aiuti a iniziare il tuo percorso.

Vuoi davvero avviare un'impresa?

Sei autodisciplinato? Sai pensare in modo strategico? Sei un risolutore di problemi? Sei persistente? Sei ambizioso?

Se sei felice di accontentarti solo di ciò che c'è là fuori, è probabile che qualcuno te lo porti via. Se hai visto *Dinastia* (la serie TV), hai un'idea di come funziona il mondo degli affari. Solo che direi che è un po' più amichevole nel mondo reale e meno ingannevole, quindi non rimanere troppo attaccato a questa idea del mondo degli affari. Se le cose accadessero come nella serie TV, gli affari non durerebbero a lungo, perché nessuno si fiderebbe di te. Come scoprirai, la maggior parte del successo aziendale è dettata dalla fiducia.

Il mondo degli affari è un mondo spietato; se non sei pronto a lottare per ciò in cui credi, non iniziare. Hai sicuramente bisogno di un team di persone intorno a te per costruire un business di successo.

Potresti costruire un business mediocre, ma anche questo è improbabile. Ad esempio, cosa succede quando colpisci un muro di mattoni, cosa che probabilmente farai occasionalmente?

O forse ti imbatterai in un problema? Se non sei persistente o un buon risolutore di problemi, molto probabilmente ti arrenderai.

Se non sei autodisciplinato, chi ti terrà sotto controllo quando c'è del lavoro da fare ma preferisci controllare Facebook o guardare qualche reality show in TV?

La realtà deprimente

Se hai intenzione di avviare un'attività in proprio, è giusto che tu conosca alcune statistiche sul mondo in cui stai per entrare. Questo è un breve capitolo che tratta i fatti e le statistiche allarmanti sulle start-up aziendali. Alcuni potrebbero vederlo come una cosa negativa, ma se sei come me, lo userai come strumento motivazionale per dimostrare che non fai parte di queste statistiche. Si tratta anche di prepararsi a ridurre qualsiasi responsabilità personale in caso di fallimento.

Puoi essere eccezionale?

Il 90% delle nuove imprese fallisce nei primi cinque anni. Ciò significa che se solo il 10% delle aziende ce la fa, allora devi essere eccezionale in quello che fai. Essere eccezionali in quello che fai significa molto più che fornire un prodotto o un servizio.

Essere eccezionali significa essere i migliori nel creare qualcosa che il cliente desidera, farlo conoscere a un numero sufficiente di persone attraverso i tuoi sforzi di marketing, raggiungere livelli di vendita fantastici, avere clienti che bussano alla tua porta per acquistarlo, quindi anche il prodotto deve essere consegnato in modo eccezionale, consegnato con cura ma anche qualità perfezionista.

Dopo averlo consegnato, devi gestire le finanze, essere pagato per quello che fai, e allo stesso tempo guadagnare abbastanza soldi per pagare tutte le spese generali e i costi della tua attività. Dopo aver gestito le finanze, probabilmente avrai alcuni problemi di supporto da risolvere, questi sono ciò che io chiamo l'infrastruttura dell'azienda, ma coprono cose come la gestione dei locali aziendali, il corretto funzionamento dei sistemi, la risoluzione dei problemi IT e solo questioni generali problemi che probabilmente augureresti che qualcun altro potesse risolverli. Se hai mai lavorato in un'azienda più grande, queste sono le cose che dai per scontate, ma che sono essenziali per far funzionare l'azienda.

Pensi ancora di poter essere eccezionale?

Non conosciamo le statistiche esatte sul motivo per cui falliscono, ma i motivi più comuni sono:

- Mancanza di pianificazione
- Non essere persistente
- Proprietari disillusi (i fondatori guadagnano meno che in un ruolo dipendente)
- Eccessiva concentrazione delle risorse o concentrazione su uno o due clienti

- Scarso controllo delle finanze e della gestione del flusso di cassa

- Passione persa nel lavoro

Un tipico fondatore di startup avrà:

- 1-2 mesi di stipendio in risparmio

- Esperienza pratica, ma pochissima esperienza dell'intera azienda e dei processi coinvolti

- Un atteggiamento simile a "Se posso farlo lavorando per lui, posso farlo lavorando per me stesso"

A questo punto, penso che sia importante sottolineare che se finora non ti piace il suono di tutto ciò e pensi che avviare un'impresa non faccia più per te, è abbastanza giusto. Lo scopo di accompagnarti in questo viaggio era mostrarti prima il lato negativo in modo che tutto da questo punto in poi ti aiuti a costruire un business di successo pur essendo sempre consapevole degli aspetti negativi. Avrei potuto iniziare dicendoti quanto è meravigliosa la vita, ma tu avresti avviato la tua attività con una mentalità completamente diversa. Lo prepareresti a fallire alla prima delusione.

Ci sono alcune opzioni a tua disposizione per avviare un'impresa. Non scoraggiarti. Probabilmente esiste ancora un altro modo per realizzare i tuoi sogni. Continua a leggere e ti mostrerò come.

Conosci la tua personalità e costruisci il tuo piano attorno ad essa

Ho inserito un collegamento alla fine di questo capitolo. Questo ti darà un rapido test di due minuti e ti aiuterà a identificare il tipo di personalità che hai. Potresti aver già sentito parlare di profilazione della personalità; potresti averlo fatto a scuola, al college o all'università, o se il tuo datore di lavoro era intelligente probabilmente lo hai fatto con loro. La maggior parte dei sistemi di profilazione, tuttavia, non ti dice cosa fare con quella conoscenza dopo averla acquisita.

Conoscendo la tua personalità, puoi identificare in quali tipi di ruoli sarai più forte. Ciò non significa che sarai spazzatura per il resto, ma è meglio concentrarti su ciò in cui sei più forte. Molte persone si concentrano sulle loro capacità più deboli e poi si chiedono perché non hanno molto successo. Hai dei punti di forza per un motivo: usali.

Ad esempio, ci viene insegnato a concentrarci sulle nostre debolezze in giovane età, durante gli anni scolastici. Saremo poveri in qualcosa e ci verrà dato del lavoro extra da fare a casa, forse qualche insegnamento aggiuntivo per sviluppare la nostra conoscenza di qualcosa in cui non siamo bravi. È probabile che semplicemente non siamo interessati a quel particolare argomento, ma per qualche motivo ci viene insegnato che dobbiamo essere bravi in tutto, altrimenti saremo un fallimento.

E se fossimo bravi in una sola materia? In questo esempio scolastico, supponiamo che siamo bravi a imparare le lingue.

Se concentrassimo tutti i nostri anni scolastici su quell'unica materia, probabilmente parleremmo fluentemente diverse lingue e diventeremmo eccezionali nelle comunicazioni in età avanzata. Pensa ai lavori disponibili per le persone che possono comunicare in più lingue.

Dobbiamo invece concentrarci su quelle materie in cui eravamo scarsi e alla fine usciamo da scuola con voti medi per ciascuna materia. Lo stesso esempio vale per i tradizionali esami di fine trimestre. Sebbene esistano altre forme di misurazione del successo accademico, una delle più importanti utilizzate sono gli esami di fine trimestre.

A meno che tu non sia bravo a memorizzare le cose, sarai piuttosto mediocre agli esami, ma perché c'è così tanta enfasi su questo modulo o sui test e sulla misurazione del successo accademico se è così? Potresti essere brillante nel risolvere i problemi sul posto e nel pensare velocemente, ma non esiste un esame per quello, quindi devi essere un fallimento, giusto?

Sbagliato. Se ti valuti rispetto ai punti di forza di qualcun altro, potresti sembrare un fallimento rispetto a loro. Capisco i miei punti di forza, sono una persona naturalmente creativa e posso darti 1.000 soluzioni a 10 problemi. So che la mia forza sta nell'usare la mia natura creativa e strategica per aiutare altre persone. A scuola ero piuttosto scadente e prendevo voti nella media, essendo Matematica la mia materia migliore.

L'unico motivo per ottenere un voto decente in questa materia era perché metà del voto era stato misurato su un progetto in classe, mentre l'altra metà era l'esame di fine anno. Ho ottenuto un superamento del 98% nel progetto in classe, il migliore della classe, eppure sono riuscito a malapena a superare l'esame.

Anche se posso svolgere molte delle competenze necessarie nel mondo degli affari, so di non essere forte come le persone specializzate in altre aree.

Ad esempio, so che ho bisogno di qualcuno che si concentri sulle vendite, qualcuno che si concentri sui dettagli della fornitura del servizio o del prodotto e forse qualcuno che costruisca i miei sistemi di back office e l'infrastruttura IT.

Le persone spesso vedono il mio record aziendale di attività in crescita molto rapidamente e si aspettano che io sia un venditore con le migliori prestazioni. Anche se posso vendere, ho un'abilità di persuasione piuttosto mediocre. Il mio successo nel far crescere rapidamente le aziende è derivato dalle strategie che ho utilizzato, sono le mie competenze e sono quelle a cui mi attengo ora.

Ogni volta che mi sono allontanato dalle mie capacità, concentrandomi invece su qualche altro tipo di abilità in cui non sono forte, le cose non sono andate bene per me. È un po' come quando vedi i guru su internet che si offrono di insegnarti come diventare milionario in bitcoin.

So che provare a scambiare bitcoin sarebbe un disastro, non è nelle mie capacità, non ho l'attenzione ai dettagli necessaria, quindi se provassi a emulare il successo di qualcun altro in quel campo, finirei per trascurare qualcosa importante, e probabilmente finire in bancarotta.

Tutto questo si riduce alla consapevolezza di sé e quel processo inizia attraverso la comprensione del profilo della tua personalità. Facendo il seguente test della personalità, inizierai il percorso verso il tuo successo e comprenderai meglio il tuo prossimo passo. Questa è probabilmente la parte più importante del tuo futuro e potrebbe risparmiarti molte ricerche interiori e alcuni disastri in futuro.

Ecco il collegamento. Vai a www.geniusu.com. Ci vorranno due minuti ed è gratis. È molto importante sostenere il test online prima di procedere con il libro.

Cosa significa?

Forse hai notato che ci sono numerosi video sul sito web di collegamento che ti raccontano il tuo tipo di personalità e cosa significa. Spero che tu abbia dedicato qualche minuto a guardarli e a capirli un po' meglio. Per il nostro scopo, li riassumeremo di seguito e capirai quanto sia importante utilizzarlo per andare avanti. Come probabilmente saprai, il test di profilazione è stato sviluppato dal collega imprenditore e autore di business Roger Hamilton, ed è l'unico test che ho incontrato che ti aiuta a capire cosa significa il tuo risultato.

Ho approfondito i significati in modo che tu possa comprendere meglio il tuo profilo e capire quali sono le migliori opzioni per portare avanti la tua idea di business. Mi farebbe piacere ascoltarti e sapere qual è il tuo genio, perché questa è una cosa che mi interessa davvero, e chissà, forse possiamo anche lavorare su qualcosa insieme.

Genio della Dinamo

Sviluppare concetti e idee in un modello di business fisico

Punti di forza:

- Creare cose
- Inventare cose
- Migliorare le cose e renderle migliori
- Strategie e risoluzione dei problemi
- Innovazione

Tipologia di attività ideale:

- Nuova attività, ovvero un'attività alla quale è possibile aggiungere nuovi prodotti e servizi

Genio della fiammata

Vendere, costruire canali di vendita e percorsi di mercato

Punti di forza:

- Persone
- Relazioni
- Promozione

Tipologia di attività ideale:

- Franchising di vendita
- Promozione di un marchio
- Marketing di affiliazione o di rete
- Relazioni pubbliche
- Qualsiasi attività in cui puoi aumentare i propri canali di vendita

Genio del Tempo

Consegnare il prodotto o il servizio

Punti di forza:

- Un occhio per i dettagli e la qualità
- Gestire le cose sul campo

Tipologia di attività ideale:

- Franchising di servizi (nota che avrai bisogno di un forte addetto alle vendite se non fornisce clienti)

Genio dell'acciaio

Semplificare e sistematizzare il business

Punti di forza:

- Analisi
- Semplificare
- Sistemare

Tipologia di attività ideale:

- Attività di analisi, consulenza o fornitura di sistemi
- Servizi finanziari
- Servizi legali

Che tipo di attività?

Quindi, in base ai tuoi risultati, che tipo di attività dovresti scegliere?

Ci sono diverse opportunità a tua disposizione, ognuna con aspetti positivi e negativi. Li esamineremo ciascuno a turno.

- Acquista un franchising
- Iniziare da zero
- Acquista un'attività
- Diventa un imprenditore

Acquista un franchising.

Aspetti positivi: un sistema collaudato, un marchio riconosciuto, supporto aziendale

Aspetti negativi: impossibile cambiare le cose, impossibile aggiungere servizi o prodotti all'offerta esistente, acquistare il franchising può comportare un costo iniziale elevato. Nella maggior parte dei casi è necessario sviluppare la propria base di clienti

Iniziare da zero.

Aspetti positivi: puoi creare il tuo modello di business

Aspetti negativi: strategia di rischio più elevato, alto tasso di fallimento, nessun riconoscimento del marchio, possibilità di perdere l'investimento molto rapidamente, costruire una base di clienti da zero

Acquista un'attività.

Aspetti positivi: una base di clienti esistente, un nome commerciale riconosciuto e una reputazione, strutturare l'acquisto in base ai profitti futuri, basso rischio se gestito correttamente e l'azienda ha una buona reputazione.

Aspetti negativi: rischio di alienazione dei clienti passati, possibile assunzione dei problemi di qualcun altro, rischio che eventuali membri del personale se ne vadano con il vecchio proprietario, è necessario aver gestito un'attività simile prima

Diventa un imprenditore

Essere un imprenditore significa fare qualcosa all'interno di un'azienda esistente. Ciò significa collaborare con un imprenditore affermato e utilizzare le proprie competenze per aiutarlo nel suo percorso, in cambio di una parte di proprietà in quell'attività

Aspetti positivi: base di clienti consolidata, team di dipendenti a cui puoi attingere quando necessario, l'azienda ha un track record e una reputazione consolidati

Aspetti negativi: non hai il tuo "marchio" sopra la porta, non possiedi il 100% dell'attività

Capirti

A parte il test della personalità, questa sezione ti aiuta davvero a capire dove si adattano i risultati del tuo test e forse dove dovresti cercare un'opportunità. Se hai già in mente un settore/un'attività, puoi saltare questa sezione o utilizzarla come punto di riferimento.

- Quali sono i tuoi punti di forza?

- Quali ruoli ti sono piaciuti in passato?

- Sai perché ti è piaciuto farli? Forse è stata l'interazione con le persone, o forse più che ti piace essere organizzato e avere tutti intorno a te organizzati.

- Che esperienza hai?

Se hai lavorato per alcuni anni in un particolare settore, sai come funziona a un livello o nell'altro (che si tratti della consegna pratica o del processo di back office). In ogni caso, hai delle conoscenze privilegiate (e probabilmente alcuni contatti) in quel settore.

Se non hai esperienza in quel settore (ad esempio forse sei un soldato in pensione, un laureato, un abbandono della scuola superiore, ecc.), allora hai due opzioni:

1. Trovare un lavoro retribuito e conoscere un particolare settore,

O

2. Approfondisci i tuoi hobby e interessi.

In ogni caso, ci vuole passione in quel settore. Se ti manca la passione nel settore in cui lavori, probabilmente rinuncerai quando i tempi si faranno difficili (cosa che accadrà).

Perché vuoi avviare un'impresa?

Se è per soldi…. FERMARE! Il viaggio sarà troppo duro per te e probabilmente perderai tutto molto prima di riuscire a guadagnare qualcosa che si avvicini al tipo di denaro che stai guadagnando ora con il tuo lavoro a tempo pieno.

Se è per la libertà….STOP! Il più grande mito è che sarai libero. Invece di avere un capo da rendere felice, ora ne avrai 50, 100, o 150, o più, tutti che si aspettano che tu li soddisfi SUBITO. Ogni cliente crederà di possederti. Ti stanno pagando, quindi faresti meglio a essere pronto a baciargli il didietro!

Fino a quando non avrai un team di gestione completo, e in genere qualcuno che si occupi del "bacio del didietro" per te (o l'equivalente in personale virtuale in outsourcing), lavorerai 18 ore al giorno, 7 giorni alla settimana. Sarai comunque libero di lavorare nelle 18 ore del giorno che desideri.

Ad esempio, puoi scegliere di lavorare dalle 6:00 a mezzanotte o, se preferisci, dalle 5:00 alle 23:00. Ehi, non potresti farlo con un lavoro regolare: non criticare quella libertà. Ricorda: è quello che volevi!

Le opzioni per avviare un'impresa

In base al tuo tipo di personalità, ho elencato le opportunità a tua disposizione e, a mio avviso, le migliori opzioni per aumentare le tue possibilità di successo.

Genio della Dinamo-

Acquista un'attività.

- Crea un nuovo servizio o migliora prodotti e servizi esistenti. Assicurati di disporre di un team di gestione per gestire la consegna e assicurarti che l'azienda possa sostenere le tue spese. Non lavorerai "nel" business. Non cercare di lavorare "nel" business; questa non è la tua forza e sarai solo infelice e senza successo.

Iniziare da zero.

- In base alla tua esperienza nel settore, migliora qualcosa in quel settore.

Acquista un franchising.

- Questa opzione ti renderà molto infelice. Non sarai in grado di esprimere la tua creatività e l'attività inevitabilmente fallirà, portando con sé il tuo investimento.

Genio della fiammata-

Acquista un'attività.

- Aumenta i canali di vendita e promuovi l'attività in tutti i modi possibili. Assicurati di avere un buon team di consegna, altrimenti la tua qualità ne risentirà.

Iniziare da zero.

- Prendi un marchio esistente e moltiplica i suoi canali di vendita. Il marketing di affiliazione o di rete potrebbe essere vantaggioso per te. Cambiare un settore o ricominciare letteralmente da zero non fa per te.

Acquista un franchising.

- Un franchising di vendita è perfetto per te. Ti offre un marchio da promuovere, insieme a sistemi e modelli di business comprovati che ti permettono di andare avanti. Prova a trovare un modello di franchising che rimuova quante più pratiche burocratiche possibile, lasciandoti il tempo libero per costruire rapporti di vendita di vitale importanza.

Genio del Tempo-

Acquista un'attività.

- Migliorare la qualità dell'erogazione del servizio. Assicurati di avere un buon team di vendita e molti canali di vendita.

Se le vendite si esauriscono, ti sarà difficile mantenere l'attività in funzione, soprattutto se non si tratta di un'attività ben consolidata nel settore.

Iniziare da zero.

- A meno che tu non abbia intenzione di diventare un lavoratore autonomo, fornendo servizi pratici alle imprese esistenti, questa non è l'opzione migliore per te. Farai fatica a realizzare nuove vendite e la tua attività deve essere un'attività imitativa. Non cercare di cambiare il mondo; prosciugherà la tua energia. Per avere successo nel modello di lavoro autonomo, hai bisogno di un forte team di vendita e dei sistemi per assicurarti di poter far crescere l'attività aggiungendo più personale pratico.

Acquista un franchising.

- Un franchising di servizi è perfetto per te. Ti dà un marchio riconosciuto. Se acquisti il franchising giusto, non dovrai preoccuparti di effettuare vendite. Lavorerai secondo un modello di business collaudato e redditizio.

Con questo modello puoi concentrarti sulla fornitura di prodotti o servizi di buona qualità, in linea con il modo in cui il franchisor ti ha formato. Ove possibile, prova a trovare un'attività in franchising che non abbia bisogno che tu "venda" l'attività. Alcuni fornitori di franchising svolgono questo ruolo a livello centrale.

Genio dell'Acciaio-

Acquista un'attività.

- Un'attività in fase iniziale è la migliore opportunità per te. Se hai esperienza nella gestione, un'attività di turnaround potrebbe essere adatta. Molte piccole imprese falliscono perché cercano di crescere senza prima mettere in atto i sistemi e la struttura del back office. La tua natura analitica è forte in quest'area. Analizzare il business, renderlo semplice e migliorarlo mettendo in atto processi e sistemi per migliorarlo.

È abbastanza comune per questo tipo di personalità lavorare con un tipo dinamo e trasformare l'attività in un marchio in franchising. Anche molti investitori aziendali hanno questo tipo di personalità.

Iniziare da zero.

- Questa è probabilmente l'attività più difficile da realizzare per te. Il miglior tipo di attività da avviare sarebbe quella con vendite automatizzate, come un'attività online in cui è necessario un contatto faccia a faccia minimo per effettuare una vendita. Preferisci la semplicità e alcuni clienti considerano questo approccio sfacciato.

Per avere successo in questo modello, avrai bisogno di un'idea/modello di business comprovato. Avrai bisogno del canale di vendita e di persone pratiche che consegnano la merce. Comprendi che la tua forza sta nel trasformare "cose che già funzionano" in "cose che funzionano sorprendentemente, con meno pezzi".

Se hai esperienza di programmazione informatica, la creazione di app e piattaforme basate su Internet può essere un percorso da scegliere, ma lavora con un genio dinamico o blaze per capire cosa vuole il cliente e che tipo di problema stai risolvendo, oppure potresti finire per creare una soluzione per un problema che in realtà non esiste.

Acquista un franchising.

- Questa non è l'opzione migliore per te, ti annoierai moltissimo e lavorerai con un sistema già collaudato. Non avrai nulla da fare e non sarai in grado di migliorare i processi aziendali.

Molte persone pensano che l'unica opzione per avviare un'impresa sia prendere la strada più ovvia e iniziare da zero. In realtà, questo è il più rischioso. Se la tua personalità si adatta, esplora ulteriormente il franchising o le opzioni di acquisto aziendale.

Anche se il costo iniziale può sembrare scomodo, i risultati finali potrebbero semplicemente renderlo più fattibile. Non lasciarti scoraggiare dal fattore costo iniziale.

Iniziare da zero ti costerà molto più denaro per arrivare allo stesso stadio collaudato con la stessa notorietà del marchio nel tuo mercato delle altre due opzioni. Potresti pensare che sia possibile avviare un'impresa con un costo minimo partendo da zero, ma credimi, ti costerà molto più denaro di quanto ti aspetti.

Inoltre, ti ci vorranno molti anni per costruire il tuo marchio e probabilmente sarà molto difficile anche solo per te trovare clienti. Ci sono stato anch'io. In qualità di imprenditore che "inizia da zero", ci sarà anche poco o nessun sostegno finanziario per la tua attività, mentre sia il franchising che le attività esistenti sono modelli di business comprovati con banche e altri finanziatori più disposti a prestare denaro in base ai risultati finanziari di ciascuna attività ad oggi.

Qualunque sia il tuo tipo di personalità, avrai bisogno che gli altri ti sostengano. Ciò può avvenire direttamente attraverso i tuoi amici e la tua famiglia che ti aiutano fisicamente o altri imprenditori che lavorano in collaborazione con te. Potrebbe anche trattarsi di un supporto indiretto in base al quale utilizzi sistemi, marchi e modelli di business già creati da qualcun altro per supportarti.

Un esempio basilare di supporto indiretto sono le piattaforme di social media come Facebook o

LinkedIn che forniscono una piattaforma per consentirti di promuovere te stesso e la tua attività presso un pubblico di massa.

Un altro esempio di supporto indiretto è il software di contabilità o di controllo dell'inventario. Quando la tua azienda sarà pronta per questi, assicurati di utilizzarli. Possono sembrare costosi, ma ora puoi pagarli mensilmente per la maggior parte. Senza di essi la tua azienda non diventerà mai abbastanza grande da liberarti dal suo ciclo di domanda di 18 ore al giorno.

Identifica i tuoi clienti target

Ok, prima che tu ti lasci trasportare e inizi a correre prima di poter camminare, dobbiamo iniziare dall'inizio.

Quindi hai la tua idea imprenditoriale. Ora devi dimostrare il modello di business. Se hai scelto di acquistare un'attività o di acquistare un franchising, allora qualcuno ha già fatto questa parte per te.

Altrimenti è necessario elaborare il modello per assicurarsi che sia redditizio su piccola scala, preferibilmente uno o due piccoli clienti, prima di lanciargli un sacco di soldi per ridimensionarlo.

Come per molte cose, persisti. Così tante persone si aspettano il successo dall'oggi al domani e si arrendono quando non accade. Posso garantire che non accadrà dall'oggi al domani. Resta lì, credi che possa accadere e alla fine troverai l'approccio giusto e probabilmente anche il pubblico giusto.

Allo stesso modo, quando acquisti un'attività o un franchising, devi comunque sapere chi è il tuo pubblico target. Ecco alcune domande che dovresti porti durante questa fase del processo:

- Ti rivolgi ai clienti aziendali (B2B) o ai clienti consumer (B2C)?
- Chi utilizzano attualmente i tuoi clienti per soddisfare le loro esigenze?
- Cosa pagano i tuoi clienti per questo?

- È redditizio per te vendere al 5-10% al di sotto di questi tassi?

- Se addebiti un prezzo inferiore del 5-10% a quello della concorrenza, puoi permetterti di assumere qualcun altro per fornire quel servizio per tuo conto e continuare a rendere la tua attività redditizia/utile?

- C'è qualcosa che puoi aggiungere ai servizi/prodotti dei tuoi concorrenti che potrebbe completarli, dandoti allo stesso tempo accesso al mercato collaborando con loro?

- Quindi hai scelto il prezzo come elemento di differenziazione? - A parte il prezzo, perché il cliente cambierà per te: un'attività non comprovata?

- In quale altro modo, a parte il prezzo, potresti differenziare la tua offerta commerciale da quella dei tuoi concorrenti?

Non sono davvero un fan della competizione sul prezzo, anche se ci sono stato in molte occasioni come azienda consolidata.

Piuttosto che iniziare da zero e competere sul prezzo, penso che sia meglio provare a lavorare con un attore affermato sul mercato, altrimenti se ci fossero già due attori sul mercato e si avviasse una terza attività al servizio di quel mercato, nella migliore delle ipotesi otterrai solo una partecipazione del 30% in quel mercato.
Aggiungendo qualcosa a un giocatore esistente non diluisci ulteriormente il mercato e vincono tutti.

Differenziarsi sul prezzo può portare al disastro aziendale. Ti ritroverai in una guerra dei prezzi con concorrenti che hanno tasche molto più profonde e alla fine uccideranno tutto il valore del tuo settore. Alla fine avrai clienti che pensano di poter dire il loro prezzo perché il tuo approccio sembra loro disperato per la loro attività.

Essendo un'azienda consolidata, molti anni fa parte della nostra attività era coinvolta nella costruzione di nuove case, in siti con oltre 200 case in ciascun sito.

Questi contratti erano utili per sviluppare capacità nel settore poiché ogni sito garantiva che avremmo avuto bisogno di un certo numero di personale a copertura di quel sito, per un periodo di tempo specifico, che normalmente era di almeno 12 mesi.

Il problema era, però, che non guadagnavamo davvero nulla con questo tipo di contratti, poiché sebbene avessimo rapporti a lungo termine con i clienti, c'era sempre qualcuno disposto a superarci e a lavorare per un prezzo inferiore, in cambio di ciò. periodo di lavoro garantito. Un caso estremo si è verificato con una delle società nazionali di costruzione di case, la quale, invece di stabilire noi stessi il prezzo del contratto, ci ha inviato un prezzo che poi ci ha chiesto di scontare ulteriormente.

L'appaltatore vincitore sarebbe l'appaltatore che gli avrebbe concesso lo sconto maggiore sul prezzo suggerito.

Quando abbiamo valutato noi stessi il prezzo del contratto, abbiamo stabilito che il prezzo che ci avevano dato era in realtà il nostro prezzo di costo lordo (senza includere spese generali o profitti). Ciò significava che non ci sarebbe stato alcun profitto e, nel caso in cui il contratto avesse avuto problemi o ritardi, i costi aggiuntivi sarebbero arrivati di tasca nostra.

Ma non è finita qui, per la garanzia di lavoro in una nuova sede particolare, avremmo potuto sopportare questo rischio. Il problema era che il cliente si aspettava da noi uno sconto ulteriore su quel prezzo, il che significava che sostanzialmente lo stavamo pagando. Ma è qui che, cercando di posizionare la tua attività al prezzo più basso, alla fine ti porterà.

Questo particolare cliente era così grande ed era così fiducioso nel mettere sempre un fornitore contro un altro, che finì per dettare quanto sarebbe stato pagato ciascun appaltatore.

Immagina se ogni fornitore scegliesse la strategia del "prezzo più basso". Il prezzo sarebbe così basso che nessuno guadagnerebbe soldi e ogni fornitore andrebbe in bancarotta. Con un servizio/prodotto non redditizio nessuno vorrebbe fornirlo. Ogni fornitore smetterebbe di formare il personale in quell'area dell'attività e, a lungo termine, non ci sarebbe nessuno a fornirlo.

Alla fine il cerchio si chiuderebbe e ci sarebbe un'enorme richiesta per quel servizio/prodotto ma nessuno che lo fornisse. Il valore di quel prodotto o servizio salirebbe davvero alle stelle.

Ingenuamente, potresti pensare: "Okay, sarò qui quando si ripresenterà la situazione. Non ha senso perché quando le persone hanno bisogno di qualcosa che non è disponibile, trovano altre alternative. Con le nuove tecnologie che emergono continuamente, quelle alternative molto probabilmente saranno disponibili". essere basato sulla tecnologia.

Ad esempio, immagina se le auto fossero così costose che nessuno le comprasse mai? Come viaggeresti? Questo è facile. O cammineresti, andresti in bicicletta, o forse qualcuno inventerebbe un altro sistema di trasporto, eliminando del tutto la necessità delle auto. Quindi, mentre i produttori di automobili restano seduti ad aspettare che il processo chiuda il cerchio, qualcun altro è intervenuto e ha portato via loro il mercato.

Se stai acquistando un'attività, dovrai esaminare la base clienti esistente, quale tipo di servizio si vende meglio e a quale tipo di cliente. Quindi dovrai scavare davvero nei numeri. Nel mio libro entrerò in modo molto più dettagliato su come farlo *"Il quadro del momentum: fai crescere la tua attività e domina il mercato in qualsiasi economia"*.

Hai due opzioni qui:

1. Concentrarsi sulla vendita di un maggior numero delle linee più popolari a clienti simili (ad esempio, identificare il proprio target),

    O

2. Concentrati sul prodotto o servizio che non si vende molto bene e cerca di capirne il motivo. Se sai perché, puoi modificarlo o cambiare il tuo approccio. In questo processo di modifica, imparerai anche di più sul tuo cliente target ideale

Il mio focus iniziale sarebbe sulle linee popolari. Se è richiesto ed è redditizio, vale la pena provare a capire perché è richiesto, quindi espandere la sua portata ad acquirenti target più simili.

Un esempio di questo potrebbe essere un'attività di ristorazione. Vendendo servizi di ristorazione a una vasta gamma di clienti, la sua base clienti era composta per il 70% da scuole, per il 20% da case di cura e per il 10% da uffici. Utilizzando l'Opzione 1, potresti decidere di abbandonare l'approccio agli uffici, scegliendo invece di utilizzare quella risorsa per il settore scolastico.

Supponendo che il processo di vendita sia lo stesso per ogni tipo di cliente, l'attività di ristorazione dovrebbe essere in grado di aggiudicarsi un numero di ordini 7 volte superiore rispetto a quando si avvicinava al segmento di clientela più piccolo. Se le tue risorse di vendita sono limitate, cosa che dovrebbe essere poiché costituisce essenzialmente un sovraccarico per l'azienda, questa è la strategia da seguire. Devi massimizzare i risultati di ciascuno dei tuoi canali di vendita.

Considerando l'opzione 2, esamineremo la 2nd mercato più grande (case di cura) e approfondire le ragioni per cui rappresenta solo il 20% delle vendite.

Scavare più a fondo ti aiuterà a capire che le case di cura hanno utilizzato la tua attività solo come supporto, poiché dispongono già di personale e strutture di ristorazione interne. In questo caso, ora potete adattare il vostro approccio a questo segmento di clientela e proporre alle case di cura l'idea di esternalizzare il loro reparto di ristorazione, cosa che includerebbe vantaggi come la riduzione delle strutture di ristorazione in loco, la gestione delle assenze del personale, ecc. con una serie di questioni relative alla conformità e alla formazione continua del personale.

Una volta riposizionata questa parte del business, potrebbero esserci altri mercati che si aprono a una fornitura di ristorazione in outsourcing.

Se stai acquistando un'attività, il mio consiglio sarebbe di concentrarti inizialmente sui mercati e sulle linee di servizio più forti; queste sono le linee di servizi/prodotti che mantengono operativa l'attività, quindi alla fine pagano il prestito aziendale, il personale, il mutuo, i veicoli, le spese, ecc.

Fatto ciò, l'attività sarà molto più forte e ti libererà dalla possibilità di guardare ad altri mercati, ovvero avviando l'opzione 2.

Quando lo fai, inizia con il segmento di clienti più grande, quindi procedi verso il basso. In questo modo continuerai a rafforzarti man mano che procedi. È come aggiungere il 10% a $ 1000, o il 10% a $ 10. Cosa preferiresti in cambio del tuo tempo? Più un segmento di mercato ha già successo, migliore sarà il tuo successo e minore sarà il rischio di fallimento nel farlo.

Piuttosto che concentrarti esclusivamente sul fatturato, affronta questo esercizio dal punto di vista del profitto. È il profitto che fa funzionare l'azienda. Il valore delle vendite mantiene semplicemente le persone occupate e possiamo essere tutti degli sciocchi occupati. Questa non è la parte intelligente del business. Probabilmente scoprirai che l'80% dei tuoi profitti proviene solo dal 20% dei tuoi clienti.

Mentre l'80% meno redditizio mantiene le persone al lavoro, quando inizi a capire quali clienti/servizi/linee di prodotti costituiscono il tuo 20% più redditizio, avrai a disposizione risorse extra da trasferire al segmento di clienti più redditizio man mano che lo sviluppi ulteriormente. In questo modo, significa che non elimineremo semplicemente il segmento di clienti dell'80% meno redditizio.

Se i segmenti di clienti meno redditizi venissero abbandonati da un giorno all'altro, danneggeresti seriamente la tua attività, oltre a danneggiare le possibili relazioni che l'azienda ha costruito in un lungo periodo di tempo. Dovresti anche sostenere ingenti costi legati alla ridondanza del personale, quindi è sempre meglio evitarlo. Potrebbe essere possibile aggiungere qualcosa alle linee esistenti di questi clienti che raddoppierebbe abbastanza facilmente la redditività di quel segmento.

Non c'è nessun segreto qui. Ogni attività sarà diversa, ma la cosa importante è comprendere veramente questi clienti e dove si trovano le vendite/profitti nell'attività. Quando disponi di queste informazioni, puoi prendere una decisione informata su come andare avanti.

Nel caso di un'attività basata sulla localizzazione, utilizziamo come esempio un'attività alberghiera.

La maggior parte delle attività alberghiere è composta da diversi segmenti di clientela, tra cui:

- Imprese/Appaltatori
- Prenotazioni di gruppi di viaggio/agenti
- Privato – entro un raggio di 100 miglia
- Privato – Stesso paese, raggio di oltre 100 miglia
- Privato – Internazionale

Se classifichi e analizzi i tuoi segmenti di clienti in questo modo, potresti vedere che i gruppi di viaggio sono i meno redditizi, ma mantieni l'attività operativa durante la bassa stagione. Allo stesso modo, potresti notare che i clienti che viaggiano dall'estero ti costano il 30% del budget di marketing, ma ti danno solo il 5% delle vendite/profitti. La risposta ovvia è abbandonare il mercato internazionale o cercare un agente di vendita in grado di ridurre i costi di marketing in questo segmento, pur continuando a ricevere le prenotazioni.

Se stai acquistando un franchising, l'approccio al servizio sarà già dimostrato. Esistono regole su come gestire un franchising e su come affrontare un particolare mercato/offerta di servizi. Sarà improbabile che tu possa cambiare questa situazione, anche se dovrei chiedermi perché vorresti cambiare un modello di successo comprovato. Dopotutto è essenzialmente quello per cui stai pagando.

Un franchisor di successo sicuramente non ti permetterà di cambiare affatto l'approccio al servizio. Ecco perché acquisti un franchising. I metodi sono testati, con sistemi in atto per aiutarti a lavorare attraverso il processo nel modo più rapido ed efficiente possibile. Con questa opzione, assicurati di includere la formazione in qualsiasi tariffa iniziale o anticipata.

Giusto per darti una comprensione più chiara della struttura tariffaria di un'attività in franchising, in genere sarà composta come segue:

- Commissione anticipata: paga una commissione anticipata per iniziare.

- Commissione di gestione continua: copre tutti i tipi di servizi che dipendono dal franchisor, ma può includere l'IT, il supporto del back office, l'help desk, ecc. Potrebbe trattarsi di una tariffa fissa o di una percentuale dei ricavi delle vendite.

- Commissione di marketing: normalmente sarà destinata alla notorietà del marchio a livello nazionale o regionale, come la pubblicità su riviste di settore, pubblicità televisiva o l'approccio a clienti nazionali. Alcune attività in franchising rimuoveranno del tutto il processo di vendita e la commissione di marketing servirà a coprire anche il costo di questo. Ricorda che senza marketing/vendite la tua attività non esisterà. Dato che qualcuno deve farlo, perché non lasciare che lo facciano gli esperti?

- Commissione di royalty: si tratta di una piccola commissione continuativa, normalmente basata su una percentuale dei ricavi delle vendite, ma in realtà è quella con cui paghi i diritti di utilizzo del marchio e dei sistemi del franchisor. Questo è generalmente il momento in cui il franchisor recupera il proprio investimento iniziale nella costruzione del modello di franchising. Le altre commissioni normalmente non includono un elemento di "profitto" per il franchisor, quindi questo fa parte dell'elemento di profitto del franchisor. Non lamentarti di questo; ti hanno fornito una piattaforma per avere successo, ora devono essere pagati per questo. Senza profitto, non ci sarebbe motivo per il franchisor di costruire un modello e la maggior parte dei franchisor investirà molti milioni nella creazione del modello di business. Una struttura di supporto per far funzionare la tua attività dietro le quinte.

Come raggiungerai il tuo obiettivo?

Ok, allora come raggiungerai i tuoi clienti target e perché compreranno da te?

Qualunque sia l'approccio che hai deciso, che sia un franchising, l'acquisto di un'attività o l'avvio da zero, secondo me, questa è probabilmente la cosa più difficile da realizzare.

Hai bisogno di alcune cose combinate per far sì che ciò accada:

1) Esperienza comprovata

2) Un rapporto di fiducia con il tuo potenziale cliente

3) Consapevolezza del marchio/azienda

4) Proposta di valore

5) Influenza

Esamineremo ciascuna area in modo più dettagliato di seguito per aiutarti a comprendere il processo di acquisto dalla mentalità del tuo cliente target. Tieni presente che questo è più focalizzato sui clienti aziendali e gli acquirenti consumatori potrebbero non essere così severi in alcune aree, ma potrebbero essere più scettici riguardo alla tua attività. Pensalo come quando ricevi un'e-mail di spam da qualche "guru delle vendite". Cosa pensi quando vedi questo messaggio: "Oh, è solo un altro spammer?"

Esperienza comprovata.

Le persone vorranno sapere che puoi mantenere ciò che prometti senza problemi. Dovranno sapere che l'hai già fatto prima. Puoi farlo in diversi modi.

- Testimonianze
- Casi studio
- Riferimenti contrattuali
- Raccomandazioni
- Sfruttando la tua precedente esperienza lavorativa, preferibilmente con contatti che già conosci durante il tuo periodo di lavoro retribuito.
- Accreditamenti tecnici e abbonamenti

Un rapporto di fiducia con il tuo potenziale cliente

A meno che tu non venda qualcosa online, ci sarà quasi sempre un elemento di fiducia diretta che deve essere presente prima che un potenziale cliente acquisti da te.

Anche con un'attività online, un potenziale cliente vorrà comunque conoscere l'attività, assicurarsi che sia un'attività registrata e che disponga di tutti i certificati di fiducia necessari e dei certificati di "pagamento sicuro". Se riesci a trovare una piattaforma online pertinente per la tua attività, come eBay o Amazon, per le vendite online, ciò contribuirà notevolmente a realizzare vendite nel mondo online perché fondamentalmente stai utilizzando un fattore di fiducia che è stato costruito da questi marchi globali. Questo si chiama "Fiducia in prestito".

All'inizio è meglio concentrarti sulle persone che conosci, o magari sulle persone che hai incontrato durante la tua carriera fino ad oggi. Avresti dovuto creare una sorta di fiducia con queste persone attraverso la vostra associazione di lavoro precedente, anche se indirettamente. Le persone hanno una memoria breve, quindi potrebbe essere necessario ricordare loro quando hai avuto a che fare con loro o con il loro team l'ultima volta.

Coltiva la relazione, diventa il loro consigliere, fai loro dei favori, aiutali a raggiungere il proprio successo. Dopo aver consegnato il tuo prodotto/servizio a questi clienti, richiedi che ti forniscano una recensione onesta della tua offerta commerciale. Ricevendo questo feedback, identificherai i punti deboli su cui costruire, vedrai le cose dal punto di vista del cliente, continuerai a costruire un rapporto premuroso per il tuo cliente e, se il feedback è buono, potrai usarlo per promuovere la tua attività ad altri clienti target.

Consapevolezza del marchio/azienda

Anche questo dipende dalla fiducia, ma il marchio è in realtà l'esperienza che le persone possono condividere: "Ho usato Bizco la settimana scorsa, erano davvero economici" oppure "Ho portato il mio bucato a Bizco. Lo hanno pulito, pressato e me lo hanno riconsegnato nel giro di 2 ore". Il tuo marchio sarà ciò che la gente dice di te. Vuoi essere conosciuto come "il più economico", "il più veloce" o forse "il più affidabile"? In ogni caso, considera questo nel tuo approccio.

Se rendi il tuo prodotto o servizio "il più economico" ma poi fai un'offerta per un lavoro in un settore altamente tecnologico, costoso e orientato alla qualità, i tuoi potenziali clienti potrebbero automaticamente immaginarti come il secondo migliore rispetto ai tuoi rivali "focalizzati sulla qualità". Il tuo marchio si baserà su ciò che desiderano i tuoi clienti target ideali, quindi costruiscilo attorno a loro. Se provi a fare "il più economico" e "l'alta qualità", il messaggio del tuo marchio diventerà confuso e perderai entrambi i tipi di clienti.

Ad esempio, le persone acquistano auto Mercedes Benz perché desiderano qualità e raffinatezza. Non devono comprare l'auto per sapere quale esperienza faranno; lo sanno perché il messaggio del marchio glielo ha detto. Il messaggio del marchio ha già svolto la maggior parte del lavoro di vendita prima che il cliente entrasse nello showroom dell'auto. D'altra parte, se vogliono automobilismo economico e senza fronzoli, da A a B, ci sono una miriade di produttori che si concentrano su questa fascia di mercato. Alcuni di questi hanno iniziato a riposizionarsi come "qualità accessibile".

Personalmente penso che il loro messaggio stia diventando un po' confuso.

L'altro lato di questa sezione riguarda il modo in cui raggiungerai il tuo pubblico target e farai loro conoscere la tua attività e il messaggio del tuo marchio. Puoi avere un messaggio di marca brillante e imbattibile, ma è inutile senza un canale di comunicazione diretto al tuo pubblico target.

A meno che tu non abbia tasche molto profonde, ci vorrà molto tempo e molto duro lavoro per diventare in primo piano tra il tuo pubblico acquirente. "Front of mind" è il luogo in cui il tuo target penserà prima alla tua attività quando desidera il tuo tipo di prodotto o servizio. Per fare un esempio reale di ciò, se desideri un sito di aste online, a cosa pensi per primo? La maggior parte di noi pensa a eBay. Che ne dici di una libreria online? Amazzonia.

E il fast food? McDonald's e KFC. Non è necessario essere un grande business globale per essere in primo piano. Offri al tuo cliente target un'esperienza difficile da dimenticare (si spera in senso positivo). Ad esempio, ripensa all'esempio di Bizco, l'azienda locale di lavaggio a secco.

Il mio consiglio per il successo è concentrarsi su un singolo segmento di clienti. Ad esempio, se sai che il tuo target è qualsiasi azienda, in qualsiasi parte del mondo, avrai bisogno di un budget di marketing estremamente elevato. Solo nel Regno Unito ci sono 6 milioni di imprese, di cui circa il 98% sono piccole imprese (con meno di 50 dipendenti). Restringi il tuo pubblico target. Il primo passo è scegliere come target la tua posizione geografica, preferibilmente una singola città. Se copri solo una città, suddividila in quartieri. Il prossimo passo è suddividerlo ulteriormente per categoria di settore.

Scegli la categoria di settore o il segmento di clientela in cui hai già maggiore esperienza e riconoscimento e, preferibilmente, quello più redditizio. Ricorda che dovrai mostrare a questi clienti la tua esperienza precedente, quindi una certa esperienza nel settore o nel segmento di clientela sarà molto utile per creare fiducia con loro. Un segmento di clienti nel settore B2C potrebbe essere quello degli ultracinquantenni o, forse, dei diplomati.

Se riesci a restringere il campo fino a dove si trovano già i tuoi clienti esistenti, questo sarebbe l'ideale. Consideriamo che il tuo target siano le aziende farmaceutiche che lavorano tutte in un particolare parco commerciale o zona della tua città. Concentrandoti su questo segmento, puoi utilizzare il tuo tempo in modo molto più efficace perché non devi viaggiare per la città tra una visita e l'altra ai siti dei tuoi clienti. Lo sviluppo continuo da questo punto di vista consisterebbe semplicemente nel copiare l'approccio alle zone vicine o ai parchi commerciali.

Successivamente, se sai chi è più propenso ad acquistare il tuo prodotto/servizio per fascia di età, sesso o ruolo lavorativo (o tutti e tre), puoi indirizzarlo in modo molto specifico a queste persone esatte. Invece di un pubblico target di un miliardo di persone, hai ristretto il campo a soli 30. Non sembra molto, ma queste 30 persone rappresentano il numero totale di acquirenti nel settore prescelto. Sono quelli che contano perché sono le persone che acquisteranno le tue offerte e alla fine determineranno se diventerai un attore leader in quel settore.

Non andrò troppo in profondità nel dare un nome alla tua attività o nel design del tuo logo. Ci sono designer professionisti che possono creare il tuo logo per te a un prezzo molto basso. Nel pensare al tuo nome, questo dovrebbe basarsi su ciò che offri. Quali sono i valori del tuo marchio e come penseranno i tuoi clienti della tua attività? Guarda le aziende concorrenti per capire cosa dice di loro il nome del loro marchio.

È importante anche in questa fase capire quali colori utilizzare. Molti esperti di design ti diranno che determinati colori possono significare determinate cose per un cliente.

Ad esempio, il colore verde potrebbe essere correlato a prodotti o servizi legati all'ambiente. Il rosso e il blu sono più adatti a diversi tipi di attività di servizi. Un designer può aiutarti a indicarti la giusta direzione qui, ma osservando i tuoi rivali, vedrai cosa stanno già facendo e, si spera, avrai anche un'idea del motivo per cui lo stanno facendo. Nel progettare il tuo logo, assicurati che rappresenti i tuoi principi aziendali.

Proposta di valore

La proposta di valore in termini semplici è ciò che offri al cliente e il motivo per cui sceglierebbe di acquistarlo. È la soluzione al problema di qualcuno. La proposta di valore non si riduce quasi mai esclusivamente al prezzo se non hai mai fornito un nuovo potenziale cliente.

Se è solo una questione di prezzo, è probabile che fornirai il tuo prodotto/servizio gratuitamente, solo per avere un piede nella porta.

Il mio consiglio è di cercare sempre qualcos'altro. Fare offerte al prezzo più basso è una buona strategia per sviluppare capacità nella tua attività, ma alla fine incontrerai un rivale con tasche più profonde. Se il tuo unico elemento di differenziazione è il prezzo, la tua attività morirà.

Il prezzo più basso comporta anche un margine di profitto estremamente basso e, di conseguenza, problemi di flusso di cassa. A meno che tu non voglia continuare a investire il tuo stipendio mensile nell'attività, è probabile che la tua attività non sopravviverà a lungo.

L'opzione più semplice è solitamente quella di puntare solo sul prezzo, ma un avvertimento per te: i tuoi rivali hanno già dei rapporti, sono anche molto più grandi di te e hanno tasche più profonde.

Se a loro non piace la tua strategia, sarà abbastanza facile per loro semplicemente scontare le loro offerte, perdendo di fatto denaro su quel contratto solo per costringerti a chiudere l'attività. Se hanno molti contratti, possono scontare pesantemente un'offerta, ma compensare la perdita con un contratto più redditizio altrove. Non hai quella flessibilità come startup. Le altre opzioni come differenziatori dipendono dall'azienda, dal settore, dai tuoi obiettivi, ecc.

Quelli ovvi potrebbero essere:

- Qualità: solo il meglio
- Immagine: pensa a Rolex, Gucci e Brioni
- Il più veloce
- Affidabilità
- Supporto – Sei disponibile il giorno di Capodanno quando i tuoi rivali sono tutti alle feste?

In definitiva, più grande è il settore che scegli, più giocatori ci saranno.

Ciò significa che sarà più difficile per te rendere diversa la tua attività. Essendo una persona che ha gareggiato in settori con oltre 100.000 aziende simili che offrono tutte lo stesso tipo di servizio, il mio consiglio è di esaminare le 20 migliori aziende del tuo settore. Questi sono molto probabilmente attori globali.

Guarda cosa fanno queste aziende e vedi se riesci a trovare qualcosa che i tuoi rivali locali non fanno. Vedi se c'è qualcosa in cui puoi migliorare, ma generalmente usalo come trampolino di lancio. I primi 20 sono generalmente lì per un motivo e ci vuole molto più del semplice denaro per arrivarci.

Influenza

Il modo migliore per entrare in contatto con un potenziale cliente è lasciare che qualcun altro faccia metà del lavoro per te. Avere qualcuno al tuo fianco, all'interno, rende molto più facile ottenere un nuovo lavoro. Non stiamo parlando di corruzione qui; è illegale e non lo consiglierei mai.

Tutto ciò che vi dico in questo libro si basa su una buona etica, quindi dirvi di fare qualcosa di illegale sarebbe sbagliato da parte mia, sia moralmente che eticamente, e danneggerebbe anche la mia reputazione nella comunità imprenditoriale.

L'unico modo per avere un insider è fornire una buona esperienza al cliente con cui iniziare. Diamo un'occhiata a un esempio. Supponiamo che la tua azienda fornisca prodotti per la pulizia rispettosi dell'ambiente. Il tuo acquirente sarà probabilmente un facility manager, un responsabile delle pulizie o forse anche un acquirente professionista se il tuo cliente è abbastanza grande. In questo caso potresti voler rivolgerti alla persona responsabile della gestione ambientale.

È responsabilità di questi individui migliorare le pratiche ambientali dell'azienda, quindi se il tuo servizio o prodotto può aiutarli a fare proprio questo, avrai qualcuno che combatterà per te.

Nelle aziende target più piccole o con transazioni B2C (Business to Consumer), sarebbe come avere un cliente passato che ti consiglia ai suoi amici.

Scava in profondità nella tua offerta per capire chi potrebbe trarre indirettamente vantaggio dall'offerta della tua attività.

I finanziari

Ok, ora passiamo alla parte un po' noiosa ma necessaria per mantenere le cose a posto e mantenerti dalla parte giusta del sistema giudiziario.

Finora;

- Hai identificato i tuoi punti di forza
- Hai identificato i tuoi clienti target
- Hai pianificato come raggiungere i tuoi clienti target

- Idealmente hai elencato alcuni nomi di contatti target e, si spera, hai anche parlato con loro per ottenere feedback

Successivamente, sulla tua idea imprenditoriale iniziale, potresti voler fare una rapida proiezione del flusso di cassa per vedere quanti soldi ti serviranno ora e in quali momenti futuri. Dato che non hai ancora fatto nulla, sarà molto difficile generare cifre specifiche al momento, quindi è solo una stima speranzosa. Pensare a questo ti aiuta a comprendere l'importanza di realizzare un profitto il più rapidamente possibile, oltre a tenere sempre il profitto in primo piano in tutto ciò che fai.

È probabile che otterrai circa il 5% dei clienti che ti aspetti di ottenere e che le tue spese saranno almeno il doppio di quanto stimi. La cosa più importante ora è fare le cose nel modo più economico possibile. Solo perché hai soldi in banca non significa che devi pagare un addetto alle pulizie per pulire la tua stanza degli ospiti/ufficio per te.

Conosco tanti imprenditori in fase di avvio che hanno speso metà dei loro risparmi per una nuova auto, solo perché pensano che sia quello che dovrebbero fare le persone nella loro posizione. Non potrebbero essere più sbagliati.

Il punto chiave per creare una proiezione del flusso di cassa è utilizzare un formato di calendario, su base settimanale o mensile, e tracciare i seguenti elementi per ogni mese, man mano che li riceverai o man mano che li pagherai. Questo ti dice se hai una carenza di fondi in un determinato mese.

Una proiezione del flusso di cassa includerà:

- Vendite nel business
- Qualsiasi altro reddito per l'impresa
- Eventuali costi per l'azienda
- La tempistica di ciascun input e output

Suddividendo i costi in spese legali, costi di finanziamento, costi del personale, costi di marketing, costi di inventario, costi delle utenze, costi di proprietà e spese che potresti sostenere nel corso dell'attività per quel particolare mese. Quando disponi di queste cifre, aggiungi una quota imprevista del 20% ai costi che includerà eventuali elementi imprevisti. È inoltre consigliabile ridurre le aspettative di vendita del 20%, il che dovrebbe darti un po' di respiro nel caso in cui le vendite non arrivino in tempo o se incorri in ritardi nei pagamenti da parte dei tuoi clienti.

Scegli una struttura legale

A seconda di dove ti trovi nel mondo, avrai nomi diversi per le varie strutture legali disponibili per avviare la tua attività. Le nazioni più sviluppate condividono una struttura simile tra loro. Questi sono i seguenti:

1) Unico proprietario

2) Associazione

3) Limitato dalle azioni

4) Limitato dalla Garanzia

5) Impresa sociale o beneficenza

Unico proprietario

Questa è la configurazione giuridica più elementare. A seconda delle leggi fiscali, è probabilmente il più efficiente dal punto di vista fiscale, fino al punto di quanto una singola persona potrebbe guadagnare ogni anno con un buon stipendio. Tuttavia, offre pochissima protezione legale.

Se la tua azienda fallisce, significa fondamentalmente che anche tu fallisci personalmente, a meno che tu non disponga di risparmi personali in grado di coprire qualsiasi responsabilità dell'azienda. Se qualcuno intraprende un'azione legale contro la tua attività, in definitiva sarà la tua vita personale (compreso il tuo coniuge) a subirne le conseguenze.

Associazione

Secondo me, la partnership è la peggiore organizzazione giuridica. In questa struttura, è sostanzialmente come mettere insieme più imprenditori individuali, ma rimuovendo i loro diritti individuali.

In qualità di partner, sei corresponsabile per tutto ciò che i tuoi colleghi partner fanno nell'azienda, ma non hai alcun controllo legale su questi altri partner. Allo stesso modo, non hanno nemmeno alcun controllo sulle tue azioni. Ciascuno affronta le conseguenze delle azioni intraprese da ciascun partner all'interno dell'azienda.

A differenza dell'unico proprietario, avete ridotto l'efficienza fiscale, poiché tutti voi accettate effettivamente la struttura dei pagamenti. Ciò significa che, a differenza di un unico proprietario, non puoi massimizzare le tue agevolazioni fiscali a causa della decisione di qualcun altro. In caso di fallimento o di azione legale contro l'azienda, ogni partner sarà ritenuto personalmente e finanziariamente responsabile.

Limitato dalle azioni

A mio avviso, questa è l'opzione migliore per la protezione legale e, quando l'impresa è abbastanza grande, può essere molto migliore per l'efficienza fiscale.

I costi per l'istituzione sono più elevati rispetto ad altri tipi di strutture legali e la rendicontazione auditiva è rigorosa. Se non presenti le dichiarazioni in tempo, riceverai una grossa multa e ripetuti ritardi possono portare alla chiusura dell'attività da parte dei tribunali. In casi estremi ciò può portare ad una condanna al carcere per gli amministratori dell'azienda.

Questa opzione è molto più trasparente per il mondo esterno, che può essere visto sia come positivo che come negativo. Tuttavia, a lungo termine rende anche molto più semplice attirare investitori e vendere in seguito la propria attività. Può anche apparire più professionale al mondo esterno.

Se l'azienda fallisce, perderai solo ciò che hai investito. In alcuni paesi, se hai agito in modo negligente o illegale, tu, insieme a qualsiasi altro amministratore, sarai ritenuto personalmente responsabile delle tue azioni.

In alcuni casi, come azionista potrebbe essere richiesto di fornire anche una garanzia personale per i debiti, che normalmente è richiesta da investitori, banche e altri fornitori di finanziamenti all'azienda.

Limitato dalla Garanzia

Nella maggior parte dei paesi, questa struttura non è disponibile per la maggior parte dei normali tipi di attività. Similmente alla struttura a responsabilità limitata, la tua responsabilità è limitata solo alla garanzia che offri. Non ha azionisti.

Non ci soffermeremo su questa tipologia, poiché è molto più complessa nella sua configurazione e non facilmente accessibile alla maggior parte delle persone.

Impresa sociale o beneficenza

A meno che tu non intenda fare qualcosa per cambiare la tua comunità, o magari sostenere una causa di beneficenza attraverso una prospettiva di modello di business, questo probabilmente non è il modello adatto a te.

Un'impresa sociale è gestita da un gruppo dirigente e supervisionata da amministratori fiduciari. Un'impresa sociale non realizza alcun profitto; è gestito a beneficio dei suoi membri o per la causa che sostiene.

Ecco un esempio di questo tipo di istituzione legale: c'era un'impresa sociale creata dal governo locale per fornire spazi per uffici incubatori a nuove imprese start-up nelle aree rurali. Le startup hanno affittato spazi per uffici a tariffe ridotte e hanno ottenuto il supporto amministrativo di back office (stampa e fotocopie, risposta alle chiamate, ecc.) fornito dall'impresa sociale.

Tutti i proventi dell'impresa sociale sono stati reincanalati nell'impresa e utilizzati per espandere ulteriormente l'attività nelle aree vicine e raggiungere altri uomini d'affari. Hanno inoltre fornito ulteriore supporto, come formazione iniziale e supporto legale.

Avviare l'impresa

Registrazione dell'impresa ai fini fiscali

Il passo successivo è registrarsi come azienda presso l'ufficio delle imposte del proprio governo. Il tipo di attività (ditta individuale, società di persone, società a responsabilità limitata ecc.) determinerà per cosa è necessario registrarsi. Per la ditta individuale e la partnership, ti registrerai semplicemente per l'imposta sul reddito e forse l'IVA (imposta sulle vendite) o l'imposta sull'esportazione.

Con l'opzione limitata per azioni, ti registrerai per l'imposta sulle società, insieme all'imposta sulle vendite e all'imposta sull'esportazione. Potrebbero esserci tasse aggiuntive a cui puoi registrarti a seconda della struttura di sostegno alle imprese del tuo governo, ma le vedrai quando ti registri.

Puoi utilizzare un agente di registrazione per registrare la tua attività oppure puoi farlo da solo. Non ci vuole molto per farlo da solo, probabilmente meno di un'ora, ma ti fa risparmiare soldi che potrebbero tornare utili in seguito. Se provi a farlo da solo, ma lo trovi troppo difficile, puoi trovare un agente di registrazione che lo faccia per te.

Per trovare il tuo ufficio fiscale governativo, puoi utilizzare Google o qualsiasi altro motore di ricerca online e cercare <inland revenue> + <your country>. Nel Regno Unito, l'Agenzia delle Entrate è l'HMRC e negli Stati Uniti è l'IRS.

Elencare tutti i paesi sarebbe esaustivo, ma mi piace pensare che con le informazioni contenute in questa sezione non sarà troppo difficile trovare i dettagli necessari per il tuo paese.

Licenze commerciali o accreditamenti

A seconda dei servizi/prodotti aziendali, potrebbe essere necessario registrarsi per ottenere una licenza commerciale o particolari accreditamenti. Ciò è rilevante per le licenze di credito al consumo, alcuni accreditamenti di servizi tecnici, servizi medici o sanitari e tutto ciò che riguarda il settore dei servizi finanziari. Scopri se il tuo settore è regolamentato o controllato da un organismo professionale se non lo sai già.

Senza queste licenze o accreditamenti, infrangerai la legge e, indipendentemente dalla tua struttura legale, finirai in prigione e/o dovrai pagare una grossa multa.

È importante anche capire che dovrai registrarti per ottenere le licenze in ogni stato, regione o paese in cui desideri operare, a meno che non sia possibile esportare il tuo prodotto o servizio in quella località. Se scegli di esportare, è importante rendersi conto che il prodotto/servizio fornito deve comunque soddisfare i criteri locali in termini di standard, sicurezza e qualità. Lavorare con un buon agente di esportazione può aiutarti a correggere questo processo.

conto bancario

Ottieni un conto bancario aziendale separato. È così importante mantenere separate le tue finanze aziendali e personali. Potresti essere tentato di pensare: "Questi sono i miei soldi, quindi li spenderò per queste nuove scarpe", ma in realtà non sono più i tuoi soldi. Quando lo usi per scopi aziendali, diventa parte del patrimonio aziendale e del bilancio, quindi rimuoverlo per uso personale ti vedrà colpito non solo con un aumento delle tasse personali, ma potenzialmente anche con accuse penali.

Conformità

Successivamente dovrai rispettare la legislazione locale del tuo governo. Possiamo supporre che tu non sia pronto per i locali commerciali e copriremo le aree di base per la maggior parte delle aziende. Quando includi i locali in questo mix, dovrai considerare oltre 300 ulteriori atti legislativi relativi alla proprietà. Tratterò quest'area in un libro molto più specializzato più avanti.

Per ora ci concentreremo sulle aree principali:

1. Assicurazione
- Assicurazione di responsabilità civile
- Assicurazione inventario/azioni
- Assicurazione sulle piante
- Assicurazione sugli stabili

- Assicurazione di indennità
- Assicurazione del veicolo
- Assicurazione sulla vita
- Assicurazione infortuni
- Assicurazione sanitaria

Con una spesa minima ogni mese sarai coperto per ogni eventualità. Senza di esso, potresti trascorrere il resto della tua vita in una cella di prigione se le cose andassero male.

2. Salute, sicurezza e benessere
- Documento relativo alle politiche e alle procedure in materia di salute e sicurezza
- Valutazioni del rischio
- Dichiarazioni di metodo
- Valutazioni sulla movimentazione manuale
- Disponete di strutture assistenziali adeguate? (WC, cucina, zona relax, lavaggio, ecc.)

Un buon consulente in materia di salute e sicurezza può aiutarti a prepararti con questi.

3. Occupazione

È probabile che non sei pronto per i dipendenti in questo momento, ma se hai acquistato un'azienda, probabilmente avrà già dei dipendenti. Assumi un consulente delle risorse umane per assicurarti di avere tutto a posto e assicurarti che sia tutto al di sopra e legale.

Il diritto del lavoro è un argomento molto intricato e complicato e la legge può essere diversa da uno stato, regione o paese all'altro, spesso con contraddizioni tra ciascuno, quindi non cercherò di spiegarli qui. Direi, tuttavia, che come parte del tuo percorso lavorativo e se prevedi di avere dipendenti, assicurati di comprendere il diritto del lavoro nella tua area geografica o ovunque prevedi di impiegare dipendenti nella tua attività. Questa conoscenza dovrebbe includere argomenti come il reclutamento, la discriminazione e la disciplina.

Utilizza un consulente per formare il personale dirigente in queste aree man mano che fai crescere l'azienda.

Abbiamo completato la parte noiosa. Se sei ancora sveglio, passiamo a guadagnare un po' di soldi per la tua attività.

L'erogazione dei servizi

Finora:

- Hai identificato i tuoi punti di forza
- Hai identificato i tuoi clienti target
- Hai pianificato il tuo approccio
- Hai configurato la tua attività come persona giuridica

È giunto il momento di avviare quel processo aziendale.

L'obiettivo di questa sezione è farti vendere e consegnare il tuo prodotto/servizio in quantità relativamente piccole.

Per il seguente esempio di processo, presupporremo che la tua azienda sia un'azienda di servizi tradizionale in cui fornirai un servizio mobile.

I passaggi per servire il tuo cliente:

1. Trova un cliente motivato
2. Effettua la vendita
3. Firma il contratto
4. Consegnare il prodotto o il servizio
5. Fattura per il prodotto o il servizio

Prima di entrare in questo argomento, dirò una cosa. Non avviare la tua attività, pagando per il marketing, pagando per loghi, siti web, biglietti da visita, ecc., finché non avrai un cliente disposto a pagarti per ciò che offri.

Così tante persone immaginano soluzioni per un problema che non esiste, poi spendono migliaia di dollari costruendo siti web e ogni sorta di altra schifezza, senza mai avere un cliente. Solo quando escono a parlare con i potenziali clienti, scoprono che il problema in realtà non è mai esistito.

Trova un cliente motivato

Questa è davvero la fase in cui dimostri che esiste un mercato per ciò che offri. Dobbiamo prima identificare nuovamente i clienti target. Inizieremo con i tuoi contatti passati, tutti quelli con cui sei entrato in contatto che si adattano al tipo di acquirente che ritieni possa essere interessato al tuo prodotto o servizio E può permetterselo. Questo è il modo più semplice ed efficace.

Vogliamo innanzitutto riconnetterci con loro, puntando a ricostruire quel vecchio rapporto con loro. Non diventiamo amici delle persone vendendo duro il primo giorno.

Vai al loro posto di lavoro e parla con loro. Non vendere a loro. Racconta loro i tuoi piani. Dì loro che stai pensando di avviare un'attività per fornire prodotti o servizi XYZ. Ottieni il loro feedback. Coinvolgili a bordo, ma soprattutto scopri i loro problemi attuali, poiché ciò potrebbe darti una migliore opportunità di lavorare con loro.

Se sembrano interessati a ciò di cui stai parlando, vale la pena chiedere loro in questa fase, prima di andare oltre, "se decido di avviare questa attività, è qualcosa che saresti interessato ad acquistare" e se dicono sì, chiedi una sorta di impegno. Ottenere un ordine firmato in questa fase ti darà la convalida di ciò che stai offrendo.

Continua a esaminare i tuoi obiettivi identificati finché non trovi qualcuno che ti invita a fare un'offerta. A questo punto probabilmente proveranno le tue prestazioni e per vedere dove si collocano i tuoi prezzi rispetto agli altri fornitori, quindi non essere troppo deluso se il vantaggio non va da nessuna parte.

Rimani professionale, segui la gara e ottieni feedback, se possibile. Maggiore è il feedback che puoi ottenere in questa fase, migliore sarà la tua posizione nelle offerte future.

Pensa a dove il tuo pubblico target potrebbe vederti. Ad esempio, diciamo che sto cercando di raggiungere persone che possiedono cavalli. Queste persone hanno bisogno di acquistare o lavorare con un numero di persone durante la cura del proprio cavallo. Immagino che probabilmente acquistino da un grossista di cibo, così come da altri fornitori di tipo stabile, per cose come attrezzature per la toelettatura, cibo, fieno, ecc.

Immaginiamo quindi che si rechino tutti da questi rivenditori una volta al mese per acquistare forniture. Un percorso per raggiungere quel cliente target potrebbe essere quello di formare una partnership con il grossista, in base alla quale posso pubblicizzare il mio prodotto o servizio insieme alla loro attività. Forse, se è rilevante, potrei fare qualcosa di simile con i veterinari locali, quando si tratta di assistenza sanitaria.

Immagino che questo tipo di cliente legga regolarmente anche articoli di riviste su cavalli, eventi equestri e cura generale degli animali, quindi potenzialmente scrivere un articolo sul tuo prodotto e presentarlo nella rivista potrebbe attirare potenziali clienti. Quindi potrei guardare gli eventi a cavallo che si svolgono nell'area in cui posso servire.

Con eventi come il salto ostacoli, probabilmente attirerà un gran numero di clienti target e li raggrupperà tutti in un'area molto compatta. Se quindi espongo o posiziono il mio prodotto o servizio, magari come prova gratuita in loco, allora posso potenzialmente conquistare lì alcuni clienti a lungo termine. L'altro vantaggio di questo percorso è che, poiché parli con loro faccia a faccia, crei una connessione più profonda con loro e, dimostrando il tuo prodotto, conquisti la loro fiducia.

Un altro percorso è prendere in considerazione qualsiasi associazione o elenco di categoria. Spesso, quando un acquirente cerca un particolare tipo di prodotto o servizio, ma non ha già in mente un fornitore, si rivolge all'associazione di categoria per quel tipo di prodotto o servizio, per vedere se ci sono aziende elencate con loro. Anche in questo caso è qui che si costruisce la credibilità e una parte della fiducia presa in prestito. Essere registrato presso l'associazione di categoria, normalmente significa che sei qualificato per fare ciò che offri.

Penso che il punto importante da notare qui sia semplicemente comprendere il processo di acquisto dei clienti target. Come acquistano dai fornitori? Quindi entra in quel processo nel modo più conveniente e adatto a loro.

Effettua la vendita

Non costringere il tuo cliente a fare 1000 cerchi per acquistare da te. Vedo così tante attività, normalmente quei tipi di attività che sono fortemente tecniche o naturalmente burocratiche, che pongono così tanti ostacoli nel modo in cui un cliente acquista da loro. Hanno dei "controlli" da superare.

Chiedi loro perché seguono questi passaggi, o liste di controllo, e ti diranno che è così che si fa nel settore. Solo perché qualcosa è sempre stato fatto in quel modo, non fornisce una buona ragione per cui debba continuare a essere fatto in quel modo.

Un esempio di ciò è quando un'azienda chiede di vedere gli estratti conto bancari, la prova d'identità, ecc. di un cliente prima di registrarlo come cliente. Tutto questo va bene ed è un processo che deve essere eseguito affinché l'azienda possa conformarsi a norme come il riciclaggio di denaro. Ma il cliente non ha ancora nemmeno accettato di acquistare da te.

Cosa c'è di sbagliato nell'ottenere la firma del contratto, quindi ricevere il pagamento e quindi compilare le liste di controllo come parte del servizio che offri.

Spesso queste "regole" vengono stabilite da persone sedute in stanze buie, che non parlano mai con nessuno e non hanno alcuna idea degli affari o della psicologia che sta dietro ad essi.

Se ci sono delle regole da seguire, significa che bisogna spuntare tutte le 18.437 caselle prima di effettuare l'ordine, o si può aspettare fino al giorno successivo alla firma dei contratti? La mia ipotesi è quest'ultima.

Parla la loro lingua

I clienti non sanno cosa a *'pignone minore con filettatura sinistrorsa'* lo è, né hanno bisogno di saperlo. Stanno comprando il "COSA", non il "COME funziona".

Parlare loro in gergo tecnico li farà addormentare, oppure romperà quel rapporto con loro che è vitale per concludere una vendita. Immagina se qualcuno venisse a trovarti e poi iniziasse a parlare in una lingua straniera. Li guarderesti con una faccia inespressiva, vero?

Anche se potresti pensare che un cliente capisca di cosa stai parlando, non è così. Se hai davvero bisogno di spiegare il gergo tecnico, spiegalo nello stesso modo in cui lo faresti con un bambino di cinque anni. Altrimenti, digli semplicemente che risolverai il loro problema, questo è tutto ciò a cui sono veramente interessati.

Se il tuo potenziale cliente ha un bisogno, verrà da te per curiosità. Se il potenziale cliente non ha alcuna esigenza, contattalo attraverso altri incontri quando ti trovi in zona. Dopotutto, non abbiamo bisogno di acquistare prodotti per la pulizia tutti i giorni della settimana, solo perché un venditore è arrivato nel tuo ufficio non significa che modificheremo il nostro processo di acquisto per adattarlo alle sue esigenze.

La mia stima è che avrai bisogno di un elenco potenziale di circa 100 obiettivi motivati e fino a 6 mesi per coltivare tali obiettivi prima che ti venga chiesto di iniziare a fare offerte per la loro attività. Dico 100 perché avrai solo il 4% circa che avrà un desiderio in quell'esatto momento in cui li contatterai.

Ciò significa che abbiamo due fattori chiave di successo qui.

I. Diventa una priorità per questi acquirenti motivati,

E

II. Pianifica il tuo approccio al momento esatto in cui hanno bisogno della tua attività. Di quel 4%, se sei un fornitore sconosciuto, verrai semplicemente trascurato. Ci vuole tempo per diventare in primo piano con il tuo obiettivo. Alcuni esperti di marketing hanno condotto ricerche che suggeriscono che in realtà sono necessarie 6 comunicazioni con un target prima di riconoscerti effettivamente come fornitore. Non prendere questo fatto troppo sul personale, è semplicemente come funziona la nostra mente. Pensa all'ultima volta che qualcuno ti ha inviato un'e-mail, probabilmente hai pensato che fosse spam le prime due volte, ma forse alla terza comunicazione ti sei interessato all'intestazione dell'oggetto. La quarta volta eri troppo occupato per accorgertene, la quinta volta hai chiesto al tuo collega se aveva mai sentito parlare del corriere ma poi se ne è dimenticato. La sesta volta hai pensato: "oh sì, mi ricordo di lui, chiederò maggiori informazioni", e solo se sei interessato a ciò che offre. Presumo solo che questi siano i passaggi su come si svolge nei sondaggi condotti dai professionisti.

Ripensa ai giorni della pre-e-mail, potresti aver inviato loro 6 cataloghi prima che iniziassero a guardare i tuoi prodotti. Forse allora era molto più alto, o forse era molto più basso? Probabilmente dipende da cosa offri e da quanto è richiesto dal tuo segmento di clientela.

Un target motivato non è solo il nome di un'azienda. Un obiettivo motivato è il nome dell'acquirente, i dettagli di contatto e tutte le informazioni su di lui che potrebbero aiutarti a costruire una relazione. Ci sono molte aziende che cercano di venderti elenchi di lead per i cosiddetti acquirenti motivati.

Avendo testato personalmente questo percorso in passato, puoi dividerli in due categorie, in primo luogo otterrai elenchi con solo il nome dell'azienda, un numero di telefono e forse un indirizzo email centralizzato, come "info@".

La seconda fonte è dove sono elencati i direttori senior e occasionalmente riceverai anche un indirizzo email diretto anche per loro. Ok, quindi questi che potresti ritenere siano i più preziosi e probabilmente pagherai più di una cifra per averne una copia, ma significa che il vicepresidente o l'amministratore delegato vorrà acquistare il tuo prodotto o servizio... No! La tua email, o lettera, finirà direttamente nel vassoio dello spam e non ne riceverai mai più notizie.

La ragione di ciò è che, in primo luogo, queste persone non trattano con i fornitori, e in secondo luogo perché probabilmente ricevono centinaia di messaggi simili ogni giorno, da persone che non hanno mai incontrato, né che probabilmente non vorrebbero mai incontrare. Quindi hai semplicemente sprecato i tuoi soldi.

Solo perché hai 1000 nomi di persone in una lista davanti a te, non significa che vogliano acquistare da te. L'unico vero primo contatto motivato all'acquisto è quello che ti ha contattato. Non illuderti di pensare il contrario: potrebbe diventare molto costoso!

Quando alla fine raggiungi la fase di offerta, ci sono alcune aree chiave da risolvere:

- Scopri esattamente cosa vuole il cliente
- Vendi loro esattamente quel prodotto/servizio

- Solo perché la tua azienda può fornirti qualcosa che è più redditizio per te, quel cliente non lo ha chiesto. Non provare a venderlo. Presentatelo più tardi, quando avrete compreso le loro esigenze e le loro abitudini di acquisto.

- Presenta i vantaggi, non le funzionalità. Non mi interessa se il liquido detergente è "nuovo e migliorato", sono un acquirente, quindi spiegami quali vantaggi ne trarrò?

Firma il contratto.

Le aziende più grandi hanno accordi di acquisto, ma in caso contrario, redigete il vostro accordo contrattuale e i termini e le condizioni. Sarà un piccolo costo iniziale che potrai utilizzare come modello in seguito. Ti farà anche sembrare più professionale e organizzato, mantenendoti allo stesso tempo protetto legalmente. Se lavori in un grande settore, è probabile che il 50% dei tuoi rivali non lo faccia. Vorresti apparire più professionale di loro agli occhi del tuo cliente?

Il modo più semplice per ottenere questo è rivolgersi a un avvocato specializzato in start-up o, a volte, se vai alla camera di commercio locale o ad altri gruppi di appartenenza aziendale come questo, avranno pacchetti di avvio che includono i vari modelli legali che potresti aver bisogno per la tua attività e spesso sono molto economici.

Consegnare il prodotto o il servizio.

- Conferma ciò che vogliono
- Offri esattamente ciò che vogliono
- Consegna esattamente quando vogliono
- Consegna esattamente dove vogliono
- Consegnalo con cura e qualità
- Fai credere al cliente che tieni a lui

Non è scienza missilistica, ma molte piccole imprese dimenticano almeno uno di questi punti e poi si chiedono perché i loro clienti si sono rivolti invece al grande fornitore nazionale. È perché erano coerenti ogni volta.

Se un cliente ti dice che vuole un nuovo impianto di riscaldamento nella sua casa, è perché vuole un impianto di riscaldamento che funzioni IERI. Ho visto così tante aziende fornire un servizio, ma sembra che impiegare un'eternità per fornirlo.

Avendo consegnato io stesso alcuni contratti molto grandi a 7 cifre, il tempismo è probabilmente il fattore più importante quando si arriva a questo livello di contratto. Se non puoi presentarti o consegnare ciò che il cliente desidera, quando hai concordato di farlo, mi dispiace, ma questo è semplicemente poco professionale e non dovresti gestire un'attività. Il mondo sarebbe un posto migliore se le aziende prendessero le cose un po' più sul serio, invece di trattare tutto come un hobby.

Se sei tu, SMETTILA DI GIOCARE.

Fattura per il prodotto o il servizio.

Ci sono così tanti proprietari di piccole imprese a cui non piacciono le pratiche burocratiche. Se non vieni pagato, perché lo hai fatto in primo luogo? Fa parte del processo aziendale, se non ti piace fatturare al cliente, non avviare un'attività che necessita di un sistema di fatturazione e credito.

Un esempio potrebbe essere un negozio al dettaglio. Con questo arrivano però altri tipi di documenti. Se non ti piacciono le pratiche burocratiche, chiedi a qualcun altro di farlo o non avviare affatto la tua attività.

Quando possibile, imposta un sistema di fatturazione automatizzato in modo da non doverti preoccupare. Una versione base di questo sarebbe, quando firmi il contratto, tornare al tuo computer.

Se utilizzi un pacchetto di elaborazione testi/foglio di calcolo di base, modifica semplicemente l'intestazione "Stima" o "Preventivo" in "Fattura". Potrebbe essere necessario modificare alcune parole al passato. Se esiste una data di completamento garantita per l'ordine, basta allegalo subito a un'e-mail e imposta un ritardo per la consegna al cliente fino a dopo tale data.

In alternativa, se le fatture devono essere spedite, stampale immediatamente pronte per essere inviate e postdata la busta in modo da non inviarla fino a dopo la data di completamento.

Rimarrai sorpreso da quanto ai clienti piace ricevere una fattura alla data di completamento. Ti fa sembrare molto più professionale rispetto all'azienda che non invia fattura al cliente per 3 mesi.

Se ti senti in colpa per aver chiesto soldi a un cliente, ripensa al tuo rendiconto finanziario. Se ti senti ancora in colpa, lascia l'attività e accetta un lavoro retribuito. Oppure, un suggerimento ancora migliore: vai a lavorare volontariamente se davvero non hai bisogno o non vuoi soldi.

La soluzione di cui sopra è un sistema molto semplice, ma man mano che la tua attività cresce, ovviamente introdurrai un sistema più professionale per far fronte alle dimensioni.

Assicurati di sapere chi è responsabile del pagamento delle fatture. È inutile mandare una fattura all'amministratore delegato se ha un contabile.

Scopri in anticipo la procedura di pagamento e seguila esattamente. Forse deve prima essere firmato da qualcun altro? Essere pagati in tempo può essere molto più difficile che effettuare la vendita originale.

La maggior parte delle aziende paga con termini di credito di 30-60 giorni, ma se fraintendi il processo, tale scala temporale potrebbe facilmente raddoppiare in durata, il che potrebbe causare seri problemi di flusso di cassa alla tua azienda.

Testare e perfezionare il modello

Finora:

- Hai identificato i tuoi punti di forza
- Hai identificato i tuoi clienti target
- Hai pianificato il tuo approccio
- Hai trasformato la tua attività in una persona giuridica
- Hai venduto, consegnato e fatturato il tuo prodotto o servizio

Ora è il momento di analizzare cosa hai fatto e quando lo hai fatto.

Di seguito sono riportate una serie di domande che dovresti porti. Se hai preso appunti all'inizio del processo, documentalo in ogni fase, con tempistiche, risorse necessarie, costi per ogni processo, ecc., sarà molto più semplice quando arriverai a questa fase.

- Potresti accelerare il processo di vendita? Non puoi modificare le azioni del cliente, ma puoi migliorare le tue azioni.

- Quanti potenziali clienti hai contattato e qual è stato il tasso di risposta?

- Quanto è durato il ciclo di vendita?

- Esiste un modo per ridurre i costi in questo processo?

- Qualcuno dei processi può essere automatizzato o semplificato?

- Hai utilizzato diverse forme di marketing e quale ha avuto più successo?

- C'era qualcosa che avresti potuto fare meglio per fornire il servizio?

- Che feedback ti ha dato il cliente?

- Potresti fornire il servizio in modo più economico o più efficiente?

- Puoi semplificare il processo di consegna?
- Come manterrai lo stesso standard di consegna?

L'obiettivo qui è perfezionare il tuo modello di business. Questo è qualcosa che la maggior parte delle aziende non fa. Quando raggiungono le vendite, credono che la loro attività sia perfetta. Credono di avere già il processo e il modello di business ottimali, indipendentemente dal fatto che sia possibile farlo in modo più efficiente e ottenere profitti dieci volte maggiori.

Lo farai adesso, ma lo farai anche tra 6 mesi, 1 anno, 2 anni, 3 anni, 5 anni e così via. Con i continui cambiamenti tecnologici, puoi migliorare molto facilmente l'efficienza dei tuoi processi. Se i tuoi rivali non lo fanno, allora sarai un passo avanti e potenzialmente ti renderai anche più redditizio. L'ho visto spesso, in particolare nelle vecchie aziende a conduzione familiare, che non sono riuscite a comprendere la tecnologia. Ne ho visti alcuni che usano ancora le macchine da scrivere invece dei computer.

Riesci a immaginare quanto sia più efficiente la tua attività rispetto a questo tipo di attività?

Le aziende che non tengono il passo con il cambiamento o non lo combattono, alla fine finiscono per morire. Un tipico esempio di business che non riesce a stare al passo con il cambiamento sono le grandi catene di noleggio video. Quindici anni fa, il noleggio di video e DVD era un grande business. C'erano negozi di noleggio in ogni centro commerciale e in ogni strada principale. Confrontatelo con adesso, quando possiamo guardare qualsiasi film vogliamo, online o in pay per view tramite una TV digitale, un servizio presente in molte famiglie dotate di un televisore moderno. Quindi, ad un costo molto basso, ogni mese potremo guardare tutti i film che vogliamo.

Le grandi catene di videonoleggio devono aver considerato che Internet avrebbe fallito e che il loro modello di business sarebbe stato sicuro. Che errore non aver abbracciato il cambiamento e non essersi riposizionati in un mercato in continua evoluzione.

Metti in atto un piano

Va bene finora:

- Hai identificato i tuoi punti di forza
- Hai identificato i tuoi clienti target
- Hai pianificato il tuo approccio
- Hai trasformato la tua attività in una persona giuridica
- Hai venduto, consegnato e fatturato il tuo prodotto o servizio
- Hai perfezionato il tuo modello di business

Ora devi pianificare in base alle tue esperienze fino ad ora.

È qui che entra in gioco il tuo piano aziendale. È a questo punto che puoi potenzialmente rivolgerti a qualcuno per ottenere un finanziamento. Puoi creare proiezioni basate su esempi di vita reale. Non sono un grande fan dei piani aziendali; Penso che siano uno strumento utilizzato dalle banche come modello per prendere decisioni. Penso che non rappresentino veramente un'azienda o i suoi proprietari e richiedono anche molto tempo e risorse per essere messi insieme.

Un business plan può essere scritto in modo eccellente da uno studente universitario, ma non significa nulla sulla fattibilità dell'impresa per ottenere investimenti. È tutto solo una grande lista dei desideri. Se non hai una sfera di cristallo, come puoi predire il futuro?

Detto questo, dobbiamo presentare i nostri risultati in qualche formato e, se si tratta di una banca a cui ti rivolgi per ottenere un finanziamento, sfortunatamente dovrai seguire le loro procedure e creare un piano aziendale. Metti da parte 6 settimane nel tuo calendario e dovresti quasi finirlo.

Se scegli questa strada, chiedi alla tua banca un modello del business plan che utilizza. Questo ti darà un'idea dei punti più importanti che vogliono vedere trattati nel piano. In precedenza avevo sviluppato un piano e lo avevo consegnato, solo per scoprire che non lo accettavano perché non era nel loro "formato approvato" per il layout, ecc. È stato in questa fase che mi sono reso conto che l'attività vera e propria non funzionava importa a queste persone; Si trattava più di sapere se potevo seguire le loro procedure.

Penso che ci siano opzioni migliori per finanziare un'impresa rispetto ai tradizionali prestiti bancari, come il crowdfunding, gli investimenti azionari o una combinazione dei due.

Nella maggior parte dei casi le banche non concedono prestiti a un'impresa in fase di avvio a meno che non si dispongano di livelli significativi di beni personali su cui possono farsi carico. Personalmente non proverei mai a prendere in prestito denaro da una banca per idee "nuove". Il debito dovrebbe essere utilizzato solo per un'azienda che ha già un buon flusso di cassa. Il debito essenzialmente sta pagando ciò che è già lì.

Per le nuove imprese, o nuove idee per la crescita di un'azienda dovrebbero essere finanziate da investimenti azionari. Anche se i finanziamenti per una piccola impresa sono estremamente difficili da trovare, ho fornito una breve panoramica di alcune strade diverse che potresti prendere in considerazione di esaminare.

Capitale di rischio

I fondi di venture capital investono in startup e società in fase iniziale. Si concentrano principalmente su aziende che possono diventare un business da miliardi di dollari entro i prossimi 6-8 anni.

Se la tua idea imprenditoriale non riesce a raggiungere un fatturato di 100 milioni di dollari nei prossimi anni, guarderei altrove. La maggior parte dei fondi di venture capital tende a concentrarsi sulle società tecnologiche poiché queste sono meno dipendenti dalle persone o dalle risorse fisiche e quindi crescono molto rapidamente.

Angelo investitore

Il titolo di Angel investor era precedentemente riservato solo agli individui con un patrimonio netto elevato, ma questa fascia è ora aperta a chiunque abbia una piccola quantità di risparmi in banca. Sebbene avere accesso a più persone possa essere una buona cosa, ci sono anche importanti svantaggi, soprattutto quando qualcuno senza esperienza commerciale sta cercando di dirti il modo migliore per gestire la tua attività. L'altro lato di questo è accettare i soldi, ma non avere nemmeno alcuna guida.

Se trovi un investitore HNW (High Net Worth) in questo pool, probabilmente vorrà essere coinvolto e, se hanno la giusta esperienza nel settore e le giuste connessioni, questa sarà solo una buona cosa - Ma in questo pool in espansione, questo sembra essere una scoperta rara al giorno d'oggi.

Esistono molte reti di angel investor a cui è possibile aderire pagando una piccola quota annuale e normalmente pagherai una commissione di finanziamento pari a circa il 5% del capitale raccolto

Raccolta di fondi

Il crowdfunding è fondamentalmente un pool di investitori che versano ciascuno una piccola somma di denaro in un fondo centrale. Il piatto quindi prende il capitale della tua attività.

Generalmente quando si raccolgono fondi tramite crowdfunding, è necessario avere già circa il 70% del denaro raccolto attraverso la propria rete, per poter completare la raccolta fondi.

Ciò dipende in parte dal fatto che altri investitori vedono lo slancio nella raccolta di fondi. Con molte opportunità di crowdfunding, ti verrà assegnato un periodo di tempo specifico per ottenere investimenti. Se non riesci a raccogliere il 100% del denaro necessario, l'investimento di tutti verrà restituito e tu non riceverai denaro.

Con il crowdfunding, è molto raro che tu abbia qualche interazione con i singoli investitori, poiché potrebbero esserci 1000 o più investitori, quindi se stai cercando guida o supporto aziendale, questa probabilmente non è la strada migliore per te. Quando ricevi un investimento attraverso questo percorso, normalmente pagherai una commissione di finanziamento fino al 5% del capitale raccolto

Sovvenzioni

Occasionalmente sono disponibili sovvenzioni per determinati tipi di attività. Questo normalmente dipende da quali sono le priorità del governo locale o se stai fornendo un certo tipo di servizio. Questi possono variare da incentivi, come una tassazione ridotta per 3 anni, oppure possono includere servizi gratuiti se apri la tua attività in una località particolare o nei loro locali commerciali a prezzi scontati.

Normalmente per assicurarsi denaro attraverso una sovvenzione, devi prima spendere il denaro prima di reclamarlo. Questo può essere un processo molto lungo. Vale la pena collaborare con una società di redazione di offerte professionale se sei interessato a garantire questo tipo di supporto finanziario. Alcuni settori normalmente favorevoli all'emissione di sovvenzioni includono l'ospitalità, la pesca, l'agricoltura e l'energia rinnovabile.

Programmi dell'incubatore

Un programma di incubazione è normalmente un programma a breve termine per aiutarti a avviare l'attività, oltre a ottenere una prova di concetto. Normalmente forniranno consulenza di tutoraggio e formazione per aiutarti a iniziare.
Occasionalmente ti faranno conoscere una rete di potenziali clienti, o in alcuni incubatori sono gestiti per conto di grandi marchi aziendali come *British Airways* e sono alla ricerca di prodotti o servizi da aggiungere alla propria attività. Per saperne di più

sugli incubatori aziendali, guarda una società chiamata *Marchi L,* gestiscono programmi di incubatore per conto di molti marchi aziendali.

Occasionalmente gli incubatori hanno accesso anche ad angel investor nel tuo settore. Un programma di incubazione può durare da poche settimane fino a sei mesi. Anche se normalmente non riceverai finanziamenti da loro, molti forniscono spazi di lavoro gratuiti o scontati, nonché supporto aziendale per aiutarti a muoverti.

Quando parli con qualsiasi fonte di finanziamento, ci sono alcune aree chiave di informazioni che dovrai comunicare loro, sia attraverso un piano aziendale tradizionale, attraverso un pitch deck o attraverso una presentazione. Ho elencato alcune aree su cui concentrarsi. Tieni presente che tutti questi dovrebbero basarsi su ciò che è già accaduto nella tua attività fino a questo punto.

Se prevedi di realizzare una vendita dal 50% degli obiettivi a cui ti avvicini, quando in passato hai gestito solo il 2%, i tuoi piani verranno scartati, poiché non hai nulla per sostenere le tue previsioni. Se le tue proiezioni si basano su ipotesi, prova a dimostrare o quantificare quante più ipotesi possibile, per eliminare i dubbi dal processo.

1. Marketing
- Che marketing dovremmo fare?
- Quali risultati ci aspettiamo?
- Cosa ci costerà?
- Quando dovremo pagarlo?

2. Saldi
- Dal nostro marketing, quali vendite otterremo?
- Quando raggiungeremo tali vendite?
- Quale valore ci aspettiamo che siano queste vendite?
- Quanto tempo ci vorrà per sviluppare quelle vendite?
- Quanto tempo dovremo dedicare alle vendite?

3. Consegna

- Quanto costerà consegnare il nostro prodotto/servizio?
- Ci sono tempi di attesa dai nostri fornitori?
- Ci sarà una riduzione dei costi dovuta al ridimensionamento dell'attività?
- I costi aumenteranno man mano che lo ridimensioneremo?
- Quante risorse saranno necessarie per soddisfare la domanda?
- Avremo fornitori e personale da pagare, quanto e quando?
- Quanto profitto realizzeremo?

4. Redditività

- Quanto dobbiamo investire nel marketing per raggiungere un salario dignitoso?
- Quale sarà lo stipendio dei proprietari/direttori dell'impresa?
- Quanto dobbiamo investire nel marketing per ottenere un salario confortevole?

5. Flusso di cassa e investimenti

- Sulla base delle proiezioni, quando avremo bisogno di investire denaro extra nell'attività?
- Di quanti investimenti abbiamo bisogno?
- A cosa servirà l'investimento?
- Come hai valutato la tua attività per gli investimenti?
- In caso di finanziamento tramite debito, quanto tempo ci vorrà per ripagare il finanziamento?
- Quanti investimenti possono investire i proprietari nell'attività e quanto è stato investito fino ad oggi?

6. Piano aziendale

- Quali ostacoli dovrà affrontare l'azienda nella sua crescita?
- Come supereremo questi ostacoli?
- Perché siamo diversi dagli altri fornitori sul mercato?

Ostacoli

Ho incluso questo capitolo più come una nota a margine del resto del libro, piuttosto che come un'istruzione. Nei capitoli precedenti ti ho portato in un viaggio che parte dal pensare alla tua idea di business e trasformarla in una piccola impresa in fase di pre-crescita.

Ora esamineremo alcuni degli ostacoli che un'azienda può affrontare nelle sue fasi iniziali.

1) Flusso di cassa a breve termine

2) Trovare il business/modello giusto

3) Reputazione e farsi conoscere

4) Fare il salto dal mondo del lavoro

5) Non avere esperienza commerciale rilevante

Flusso di cassa a breve termine

Nessuno sa di quanti soldi avrà bisogno esattamente, ma ci sono modi per ridurre al minimo questo impatto sulla tua attività. Il processo migliore è svolgere le fasi di pianificazione mentre sei impiegato e mentre percepisci uno stipendio a tempo pieno. Se puoi gestire la tua attività pur continuando a svolgere un lavoro retribuito, scegli questa opzione.

Impara a vivere praticamente di nulla. Riduci le spese, trasferisciti in una casa più piccola, se è pratico ed economico, quindi affitta una stanza nella casa di qualcun altro, o magari se hai stanze libere a casa tua, affittale ad altre persone. Cerca di avere qualche tipo di altro flusso di entrate che entra nella tua casa anche solo per pagare le spese di soggiorno di base

Man mano che avanzi nella tua attività, non sovraccaricare il tuo saldo bancario. Fallo utilizzando la tua esperienza di prova come guida per quali potrebbero essere i risultati in futuro. Col passare del tempo, i risultati precedenti miglioreranno. Quando possibile, utilizzare solo scoperti di conto e carte di credito come fondi di emergenza che possono essere sostituiti entro pochi giorni. Sono estremamente costosi e la tua azienda non dovrebbe fare affidamento su di essi per farla funzionare. Se lo fa, allora cambialo.

Mira sempre a gestire la tua attività come se non potessi accedere a queste forme di finanziamento a breve termine.

Potrebbe esserci un punto in futuro in cui non avrai a disposizione queste strutture, quindi impostarle in questo modo adesso aiuterà la tua azienda a crescere senza fare affidamento su finanziamenti esterni.

Trovare il business/modello corretto

Se hai seguito i passaggi dall'inizio, ora avrai identificato il tuo tipo di personalità. Questo è probabilmente il passo più grande e importante per trovare l'attività giusta per te.

Trovare il giusto modello di business richiede tentativi ed errori finché non lo si ottiene perfetto. Non vuoi essere uguale a tutte le altre aziende del settore, ma non devi nemmeno reinventare la ruota. Miglioralo semplicemente in un piccolo modo. Quando hanno inventato il pneumatico, non è stato un sostituto della ruota; era per migliorare l'esperienza ricevuta durante l'utilizzo del volante. Fai lo stesso con la tua attività e adotterai una strategia vincente.

Reputazione/Diventare noto

Difficile farsi conoscere in breve tempo. La tua posizione ideale è essere in primo piano con tutti i tuoi clienti target.

La tua reputazione è ciò che creerà o distruggerà la tua attività. Viviamo in un mondo in cui alle persone piace lamentarsi e, sfortunatamente, alla maggior parte piace anche essere parte del dramma. Se hai fatto qualcosa di sbagliato, risolvilo immediatamente o la tua attività morirà dall'oggi al domani.

Lavorare con la tua rete di connessioni esistente migliorerà significativamente le tue possibilità di sopravvivenza, poiché hai già creato fiducia con loro.

Concentrati sul fornire una buona esperienza e la tua attività crescerà in tempo utile.

Fare il salto dal mondo del lavoro

Avviare un'attività in proprio non deve essere l'ostacolo spaventoso che molte persone prevedono che sarà il processo. Pianifica mentre sei ancora occupato.

Quando hai completato la pianificazione e sei pronto per avviare la tua attività, vale sempre la pena chiedere al tuo datore di lavoro se prenderà in considerazione l'assunzione di te/della tua azienda come lavoratore autonomo part-time. Questa opzione potrebbe far risparmiare denaro al tuo datore di lavoro e dovrebbe anche darti più soldi in tasca, a seconda delle norme fiscali del tuo Paese.

Come regola generale, dovresti mirare a risparmiare almeno 3 mesi di stipendio, il che, si spera, ti darà circa 6-9 mesi di respiro se avrai ridotto le spese. A questo punto avrai bisogno anche del sostegno morale del tuo partner/della tua famiglia.

Esperienza aziendale

La maggior parte delle persone che iniziano un'attività hanno avuto solo esperienza pratica e non sono mai state realmente coinvolte nella gestione effettiva dell'attività nel back-end. Questa è una parte essenziale del successo aziendale e senza la "conoscenza aziendale" non durerai a lungo.

Mentre hai ancora un lavoro retribuito, dai un'occhiata per vedere se le tue autorità locali o i tuoi gruppi aziendali svolgono qualche tipo di formazione per startup come marketing, amministrazione, networking o consapevolezza finanziaria. Questo avrà un valore inestimabile per te e la maggior parte della formazione che ho visto tende ad essere gratuita se ti unisci al gruppo.

Questo è anche un buon momento per incontrare altri nella tua stessa situazione. Potresti riuscire a rimbalzare le idee e persino modificare le tue idee esistenti per renderle migliori.

Anche queste altre persone un giorno potrebbero diventare anche i tuoi potenziali clienti, quindi inizia a costruire le tue relazioni presto.

Come punto conclusivo di questo capitolo, vorrei anche discutere alcune paure che a volte impediscono alle persone di intraprendere il viaggio per avviare un'attività in proprio.

Questi sono in genere:

- Paura di sbagliare

- Paura di bancarotta
- Mancanza di una laurea

Paura di sbagliare

Non lasciare che la paura di fallire ti scoraggi dal perseguire il tuo obiettivo. Guarda i più grandi leader aziendali del mondo. Molti di loro hanno avuto dei giganteschi fallimenti durante il loro tempo, alcuni lo fanno ancora adesso.

Usano i fallimenti come un modo per perfezionare il loro modello di business e imparare dall'esperienza. Il fallimento non è la fine del tuo viaggio: è l'inizio del tuo nuovo viaggio di apprendimento. Guarda alcuni dei leader aziendali di più alto profilo, Simon Cowell, Steve Jobs, Richard Branson. Hanno commesso degli errori, ma hanno imparato da essi e alla fine hanno trasformato il loro sogno in realtà.

Paura di bancarotta

Ad un certo punto in futuro, potresti avvicinarti alla bancarotta. Questo non significa che dovresti aspettare che accada. Ti consiglierei, tuttavia, di ridurre la responsabilità o l'impatto negativo su te stesso e sulla tua famiglia prima che accada. Può succedere in qualsiasi momento; la tua attività potrebbe volare alto, ma poi ti svegli con la notizia di un crollo economico, o un grande cliente decide di non pagarti, e BOOM, è tutto finito.

Immagina di svegliarti e scoprire che i tuoi locali commerciali sono stati rasi al suolo. Cosa succederebbe se venissi investito da un automobilista di passaggio e restassi in coma per 3 mesi? Come sopravviverebbe la tua azienda a questo tipo di incidenti?

Imposta la tua attività in modo tale da prevenire eventuali danni nel caso in cui ti dovessero capitare tali esempi e assicurati sempre di pagare te stesso.

Se non disponi di fondi personali di riserva, e dovesse succedere il peggio, finirai anche tu per andare in bancarotta. Proprio quando pensavi che le cose non potessero andare peggio.

Ridurre il rischio: prepararsi in anticipo.

Mancanza di una laurea

Alcuni dei più grandi nomi del mondo degli affari non hanno finito la scuola. La maggior parte non ha qualifiche. Non lasciare che il sistema educativo, con tutte le sue etichette, definisca il resto della tua vita. Non è necessario essere bravi a scuola per avere successo negli affari. Personalmente penso che funzioni al contrario.

Trova la tua passione, usa i tuoi punti di forza, lavora duro e lavora in modo intelligente. L'unico grado di cui hai bisogno è un grado di persistenza.

Problemi di salute e disabilità

A molti dei principali uomini d'affari del mondo sono stati diagnosticati tutti i tipi di condizioni ed etichette. Che si tratti di dislessia, disprassia, ADHD, autismo, diabete o tutta una serie di altre disabilità fisiche. Queste persone sono diventate miliardari nonostante siano state etichettate con queste condizioni. Molte di queste etichette sono create dal sistema per impedire a "quelli intelligenti" di far accadere qualcosa nella loro vita.

C'è una ragione spirituale dietro questo, che sarà argomento di un altro libro. Non lasciare che il sistema definisca come vivi la tua vita o cosa puoi ottenere. Il sistema è progettato per sfornare schiavi robotici conformi.

È ora di fare un passo avanti. Sei stato messo su questo pianeta per qualcosa di più grande di quanto tu possa immaginare in questo momento. Smettila di intrometterti scuse e vai avanti.

Conclusione

In questo libro abbiamo esaminato i passaggi per trasformare le tue idee di business in realtà. Non è mai un processo facile, ma è sicuramente una sfida. Se ti piacciono le nuove sfide, ti piacerà questo processo. Se consideri le sfide come qualcosa di negativo, avviare un'impresa non è la soluzione giusta per te.

Non ti mentirò. Ci saranno giorni in cui desidererai di non aver iniziato questo viaggio. Ogni giorno avrai porte sbattute in faccia, avrai persone negative intorno a te che ti diranno i motivi per cui non puoi farlo, altrimenti non funzionerà. Dipende da te come aggirare questa negatività. Per me personalmente, è un vero drenaggio emotivo. Preferisco stare completamente lontano dalle conversazioni negative. La loro visione della vita si basa sulla loro capacità di cambiare una situazione, non sulla tua, quindi non farci caso e vai avanti.

Se fallisci, impara dall'esperienza e fai le cose diversamente la prossima volta per evitare di commettere gli stessi errori. Spolverati, dormi sopra, poi ricomincia il giorno/settimana/mese/anno successivo.

Ritornare a un lavoro retribuito influenzerà seriamente la tua autostima: è molto peggio della sensazione iniziale di fallimento, quindi, se possibile, torna indietro e ricomincia la tua attività il prima possibile.

Affronterai un nuovo problema ogni giorno. Per i primi anni non avrai soldi. Imparerai a vivere con pochissimi soldi e imparerai molto di più sugli affari di quanto potresti mai imparare all'università o in un lavoro retribuito. Si spera che, se seguirai alcuni dei suggerimenti contenuti in questo libro, non inizierai il tuo viaggio alla cieca. Accolgo con favore chiunque voglia mettersi in contatto con me e dirmi come stai andando nel tuo viaggio.

Quando ti sarai affermato nel tuo mercato, dai un'occhiata al mio prossimo libro, *'ESPANSIONE: I 7 passaggi fondamentali per far crescere il tuo business'*, che ti guida attraverso la fase successiva del tuo percorso aziendale.

Circa l'autore

Wayne Fox è un rilanciatore di affari, un rivoluzionario del settore, sviluppatore di proprietà commerciali, futurista, autore di best-seller e investitore. Direttore del gruppo Enyaw, società di investimento con sede nel Regno Unito che investe in *'stile di vita libero'* iniziative. Ha esperienza nel raggiungimento di una crescita dei ricavi a 7 e 8 cifre in precedenti iniziative di PMI.

I miei link online:

Sito web di Wayne Fox: www.wayne-fox.co.uk

Gruppo Enyaw: www.enyawgroup.com

Capitale Enyaw: www.enyawcapital.com

Proprietà Enyaw: www.enyawproperty.co.uk

Linkedin:https://www.linkedin.com/in/waynefoxuk

Twitter: https://twitter.com/WayneFoxUK1

Instagram:https://www.instagram.com/waynefoxuk

Youtube:https://www.youtube.com/@WayneFoxUK

Udemy:https://www.udemy.com/user/wayne-fox-6

www.ingramcontent.com/pod-product-compliance
Lightning Source LLC
Chambersburg PA
CBHW050217230526
45470CB00001B/426